WOW!

Natur & Technik

DORLING KINDERSLEY
London, New York, Melbourne, München und Delhi

Tall Tree Ltd:
Redaktion Rob Colson, Jon Richards und Jennifer Sanderson
Gestaltung Malcolm Parchment und Ed Simkins

Dorling Kindersley:
Lektorat Victoria Heyworth-Dunne
Gestaltung Smiljka Surla
Cheflektorat Linda Esposito
Chefbildlektorat Jim Green
Bildbearbeitung Steve Willis
Bildrecherche Louise Thomas
Programmleitung Laura Buller
Bildrecherche DK Emma Shepherd
Herstellung Marc Staples, Angela Graef
Umschlaggestaltung Hazel Martin, Matilda Gollon, Yumiko Tahata
Gestaltungsverantwortlich Sophia M Tampakopoulos Turner

Für die deutsche Ausgabe:
Programmleitung Monika Schlitzer
Projektbetreuung Manuela Knetsch
Herstellungsleitung Dorothee Whittaker
Herstellung und Covergestaltung Anna Strommer
Coverreihengestaltung Barbara Weishaupt

Bibliografische Information Der Deutschen Bibliothek
Die Deutsche Bibliothek verzeichnet diese Publikation in der Deutschen Nationalbibliografie;
detaillierte bibliografische Daten sind im Internet über http://dnb.ddb.de abrufbar.

Titel der englischen Originalausgabe:
Wow! Science

Übersetzung Martin Kliche
Lektorat Birgit Reit

ISBN 978-3-8310-2001-0

Printed and bound in China by Leo

Besuchen Sie uns im Internet
www.dorlingkindersley.de

WOW!
Natur & Technik

Text
Clive Gifford
Fachliche Beratung
Lisa Burke

1

Die lebendige Welt 6

2

Die Erde 42

Materie/Materialien 64

Inhalt

VOLLER LEBEN
Korallenriffe beherbergen unzählige Meerestiere. Viele Arten von Fischen, Meerespflanzen, Krebs- und Säugetieren sowie Milliarden von Kleinstlebewesen wie Plankton bevölkern die Gewässer um sie herum.

Die lebendige Welt

LEBEN AUF DER ERDE

Auf der Erde gibt es Leben in Hülle und Fülle. Gruppen von Lebewesen, die gemeinsame Eigenschaften besitzen und sich untereinander fortpflanzen können – wie Menschen, Königsadler oder Blauwale –, heißen Arten. Forscher unterscheiden bisher fast 2 Millionen verschiedener Arten und vermutlich existieren noch viele weitere. Sie sind in fünf Reiche unterteilt: Pflanzen, Tiere, Pilze, Bakterien und einzellige Organismen, die sogenannten Protisten. Sie alle besitzen bestimmte grundlegende Eigenschaften, die sie als Lebewesen kennzeichnen.

▼ BEWEGUNG

Lebewesen können ihren ganzen Körper oder zumindest Teile davon bewegen. Pflanzen bewegen sich zwar nicht fort, sondern wurzeln nur an einer Stelle, aber sie wachsen in verschiedene Richtungen und können ihre Blüten öffnen und schließen. Dieser Puma (oder Berglöwe) ist die größte Raubkatze der Vereinigten Staaten von Amerika (USA). Auf der Jagd erreicht er bei kurzen Sprints mehr als 50 km/h.

▲ NAHRUNGSENERGIE

Lebewesen brauchen Nahrung. Sie liefert Energie für Bewegung und Wachstum und zur Erhaltung und Heilung des Körpers. Tiere, die andere Tiere fressen, heißen Fleischfresser oder Karnivoren (z. B. der Fischadler, der Fische fängt). Tiere, die sich von Pflanzen ernähren, sind Pflanzenfresser oder Herbivoren, während die, die sich von Pflanzen und Tieren ernähren, Allesfresser oder Omnivoren genannt werden. Pflanzen erzeugen Nahrung durch Fotosynthese, Pilze ernähren sich von verrotteten Pflanzen und Tierkadavern.

Mit seinen äußerst scharfen Klauen greift der Adler die Beute.

▼ ATMUNG

Bei der Atmung wird in allen lebenden Zellen die Energie aus den Nährstoffen freigesetzt. Diese chemische Reaktion kann entweder mit oder ohne Sauerstoff ablaufen. Alle Tiere nehmen zum Atmen Sauerstoff auf: Landtiere wie der Eisbär aus der Luft, Fische und andere Wassertiere dagegen aus dem Wasser. Dieser Sauerstoff wird bei Landtieren in der Lunge, bei Fischen in den Kiemen und bei Insekten in den Tracheen gegen Kohlendioxid ausgetauscht, das bei der Atmung als Abfallprodukt entsteht.

Durch Zellteilung entstehen neue Zellen zur Fortpflanzung und zum Wachstum.

Zellen teilen sich in zwei identische Kerne, um die sich die neuen Zellen bilden.

Mit den kräftigen Muskeln in den Hinterläufen können Pumas 9 m weit springen.

▲ FORTPFLANZUNG

Alle Lebewesen pflanzen sich fort, um Nachkommen zu erzeugen – neue Wesen ihrer Art. Bakterien, einige Pflanzen und andere Lebewesen vermehren sich ungeschlechtlich. Ein Elternteil teilt sich oder trennt einen Teil von sich ab, und so entstehen Nachkommen, die dem Elternteil genau gleichen. Bei der geschlechtlichen Fortpflanzung erzeugen jeweils ein männlicher und ein weiblicher Elternteil zusammen Nachkommen, die Eigenschaften von beiden Elternteilen in sich tragen.

▼ WACHSTUM

Alle Pflanzen und Tiere können wachsen. Sie bilden aus Nährstoffen neue Zellen und werden dadurch größer. Pflanzen wachsen aus winzigen Samen heran, während sich erwachsene Tiere aus Tierbabys entwickeln. Die pazifische Riesenalge zählt zu den am schnellsten wachsenden Organismen der Erde. Sie kann pro Tag bis zu 50 cm größer werden.

▶ REAKTION

Alle Lebewesen nehmen ihre Umgebung wahr und können auf Umwelteinflüsse reagieren. Ein Tier reagiert z. B. auf Geräusche, Wärme oder Licht mit bestimmten Nervenzellen, die Signale an andere Teile des Körpers weiterleiten. Pflanzen reagieren auf die Schwerkraft, sodass die Stiele nach oben und die Wurzeln nach unten wachsen. Sie reagieren auch auf Licht und richten sich nach der Lichtquelle aus. Diesen Vorgang nennt man Fototropismus.

AUFBAU DER PFLANZEN

Mehr als 300 000 Pflanzenarten – von der winzigen *Wolffia* (Zwergwasserlinse) bis zu den über 100 Meter hohen Riesenmammutbäumen – sind bis heute bekannt. Botaniker unterscheiden zwischen blühenden und nicht blühenden Pflanzen. Zusammen mit einigen Bakterien sind Pflanzen die einzigen Lebewesen, die ihre Nahrung selbst erzeugen, und zwar mithilfe der Fotosynthese.

▶ TRANSPORT

Die meisten Pflanzen besitzen ein Leitgewebe mit Gefäßbündeln, in denen die Nährstoffe transportiert werden. Dieser Querschnitt durch einen Sonnenblumenstiel zeigt Gefäße im Holzteil oder Gefäßteil (Xylem), durch die Wasser mit gelösten Nährstoffen von den Wurzeln in die Blüten gelangt. Im Siebteil oder Bastteil (Phloem) werden die bei der Fotosynthese erzeugten Kohlenhydrate (Zucker) durch die Pflanze transportiert.

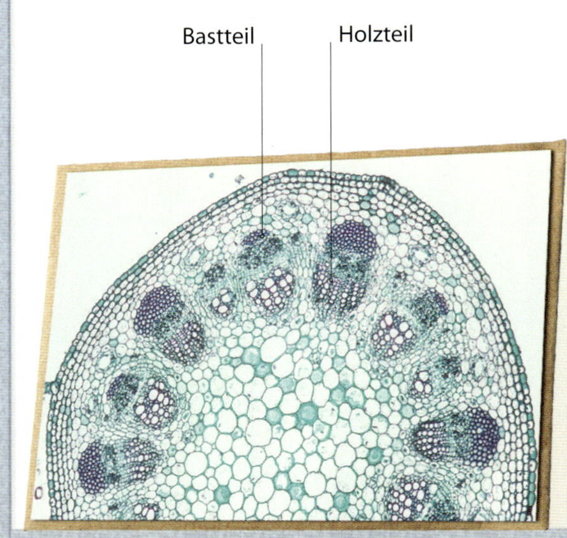

In den Blättern wird die Nahrung erzeugt.

▶ AUFBAU

Pflanzen werden auch unterteilt in Gefäßpflanzen, die Leitgewebe zum Transport von Wasser, Nährstoffen und organischen Substanzen (siehe oben) enthalten, und gefäßlose Pflanzen wie z. B. Moose. Der Setzling eines jungen Nussbaums besitzt bereits alle Merkmale der Gefäßpflanzen. Seine Wurzeln verankern ihn im Boden, während sein Stamm Äste und Blätter trägt. Junge Stämme werden nur durch den Wasserdruck aufrecht gehalten, sie werden aber nach und nach stärker und härter, während die Pflanze wächst.

Der Stiel einer Pflanze trägt die Äste und Blätter.

Hier wächst ein neuer Ast heraus.

Die Wurzeln verzweigen sich im Boden.

Der Samen, aus dem der Trieb nach oben und die Wurzeln nach unten wachsen.

Die Hauptwurzel wächst nach unten.

▼ BLÄTTER

Blätter sind meist flache Gebilde, die über den Blattstiel mit dem Stamm verbunden sind. Sie sind von einem Netzwerk aus Adern durchzogen, das Wasser und Nährstoffe in das Blatt und Glukose (Zucker) aus dem Blatt in andere Teile der Pflanze transportiert. Blätter bestehen aus verschiedenen Zellschichten. Im Palisadengewebe befinden sich die Chloroplasten. Sie enthalten Chlorophyll und geben der Pflanze ihre grüne Farbe. In den Chloroplasten findet die Fotosynthese statt.

Die harte, wasserfeste äußere Schicht heißt Kutikula.

Der äußere Blattteil heißt Oberhaut (Epidermis).

Das Palisadengewebe ist der obere Teil des Mesophylls.

Das Schwammgewebe ist der untere Teil des Mesophylls.

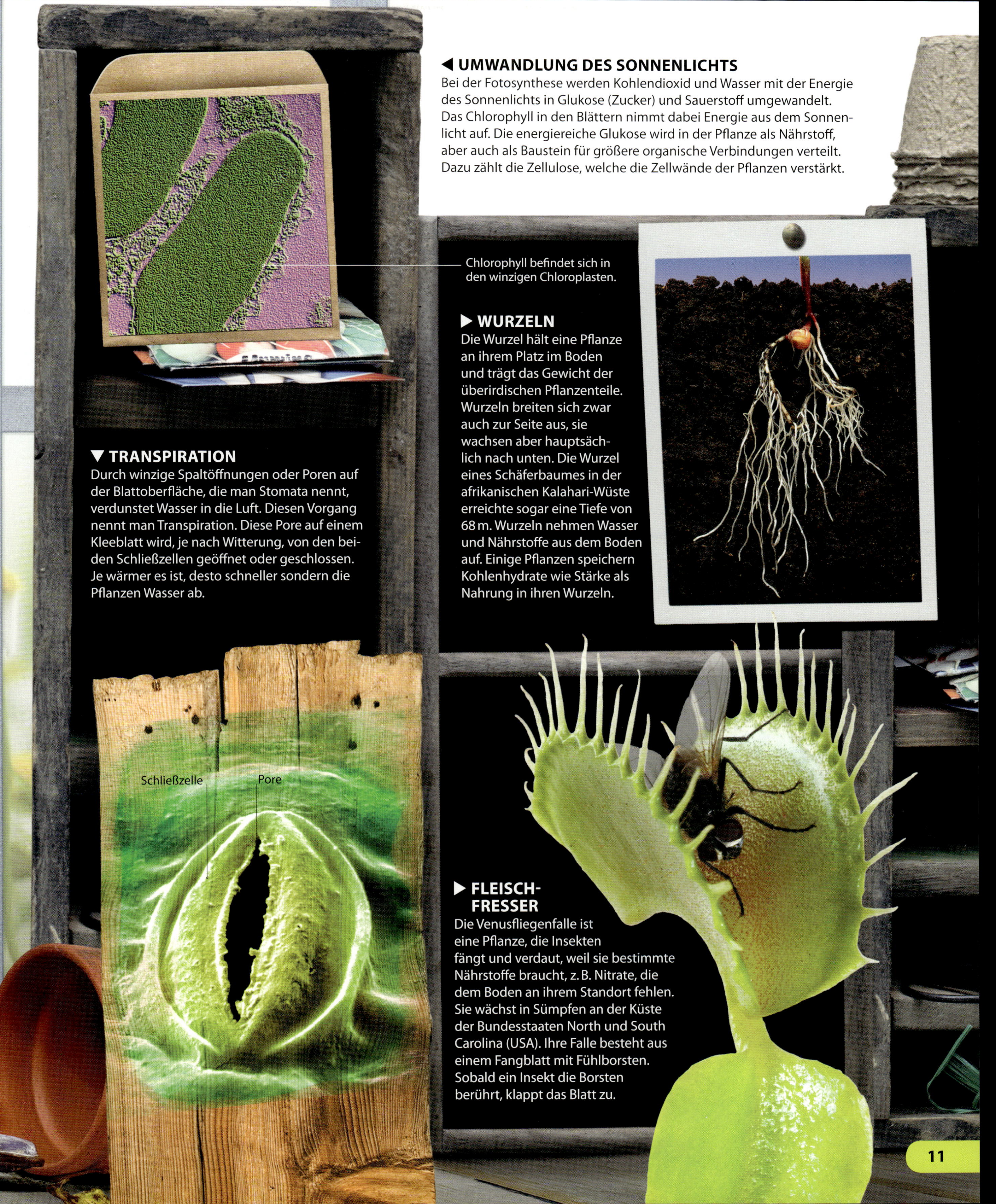

◀ UMWANDLUNG DES SONNENLICHTS

Bei der Fotosynthese werden Kohlendioxid und Wasser mit der Energie des Sonnenlichts in Glukose (Zucker) und Sauerstoff umgewandelt. Das Chlorophyll in den Blättern nimmt dabei Energie aus dem Sonnenlicht auf. Die energiereiche Glukose wird in der Pflanze als Nährstoff, aber auch als Baustein für größere organische Verbindungen verteilt. Dazu zählt die Zellulose, welche die Zellwände der Pflanzen verstärkt.

Chlorophyll befindet sich in den winzigen Chloroplasten.

▼ TRANSPIRATION

Durch winzige Spaltöffnungen oder Poren auf der Blattoberfläche, die man Stomata nennt, verdunstet Wasser in die Luft. Diesen Vorgang nennt man Transpiration. Diese Pore auf einem Kleeblatt wird, je nach Witterung, von den beiden Schließzellen geöffnet oder geschlossen. Je wärmer es ist, desto schneller sondern die Pflanzen Wasser ab.

▶ WURZELN

Die Wurzel hält eine Pflanze an ihrem Platz im Boden und trägt das Gewicht der überirdischen Pflanzenteile. Wurzeln breiten sich zwar auch zur Seite aus, sie wachsen aber hauptsächlich nach unten. Die Wurzel eines Schäferbaumes in der afrikanischen Kalahari-Wüste erreichte sogar eine Tiefe von 68 m. Wurzeln nehmen Wasser und Nährstoffe aus dem Boden auf. Einige Pflanzen speichern Kohlenhydrate wie Stärke als Nahrung in ihren Wurzeln.

▶ FLEISCH-FRESSER

Die Venusfliegenfalle ist eine Pflanze, die Insekten fängt und verdaut, weil sie bestimmte Nährstoffe braucht, z. B. Nitrate, die dem Boden an ihrem Standort fehlen. Sie wächst in Sümpfen an der Küste der Bundesstaaten North und South Carolina (USA). Ihre Falle besteht aus einem Fangblatt mit Fühlborsten. Sobald ein Insekt die Borsten berührt, klappt das Blatt zu.

FORTPFLANZUNG

Pflanzen vermehren sich, um ihre Art zu erhalten. Neue Pflanzen ersetzen ältere, erhöhen die Anzahl ihrer Population und breiten sich auf neue Standorte aus. Blütenpflanzen haben Samen, die bei den richtigen Temperaturen und unter guten Bedingungen keimen und zu neuen Pflanzen heranwachsen. Samen werden häufig weit verteilt, damit die Elternpflanzen Licht, Wasser und Nährstoffe nicht mit den Sprösslingen teilen müssen.

❶ BLUMEN
Von den blühenden Pflanzen existieren mehr als 250 000 verschiedene Arten. Blumen haben männliche und weibliche Geschlechtsorgane. Manche Pflanzen wie Eichen erzeugen getrennte männliche und weibliche Blüten. Die weiblichen Geschlechtszellen sitzen am Fuß eines Stiels, dem sogenannten Stempel. An seinem oberen Ende befindet sich die klebrige oder federartige Narbe. Die männlichen Geschlechtszellen, Pollen genannt, sitzen an den Staubgefäßen.

❷ BEFRUCHTUNG
Bei der geschlechtlichen Fortpflanzung verschmelzen männliche und weibliche Geschlechtszellen. Diesen Vorgang nennt man Befruchtung. Einige Blütenpflanzen können sich selbst befruchten, aber die meisten werden durch Fremdbestäubung befruchtet. Dabei werden die Pollen durch den Wind oder auch durch Insekten wie Bienen auf andere Pflanzen derselben Art übertragen.

❸ SAMEN UND FRÜCHTE
Nach der Befruchtung bilden sich in den Früchten die Samen. Sie sind von einer harten Schale oder von Fruchtfleisch umgeben. Die Früchte dienen der Ausbreitung der Samen. Sie fallen entweder von der Pflanze ab oder werden von Vögeln gefressen, die den Samen später wieder ausscheiden. Samen enthalten Nährstoffe, von denen der Keim zehrt, bis die Pflanze durch Fotosynthese selbst Nahrung bilden kann.

❹ UNGESCHLECHTLICHE VERMEHRUNG

Diese Art der Fortpflanzung benötigt weder Blüten noch Befruchtung oder Samen. Die neue Pflanze entsteht aus dem Stiel oder Blatt einer Elternpflanze. Das Brutblatt, das auf Madagaskar wächst, bildet zwar Samen aus seinen Blüten, doch die Pflanze kann sich auch ungeschlechtlich vermehren. Dazu bildet sie an ihren Blatträndern kleine Knospen, die später abfallen.

❺ NICHT BLÜHENDE PFLANZEN

Pflanzen ohne Blüten bilden keine Samen. Die meisten dieser Pflanzen erzeugen Sporen in schützenden Kapseln, den Sporangien. Farne bilden große Mengen von Sporen in Kapseln, die sich unter den Blättern befinden. Sobald sich die Kapseln öffnen, werden die Sporen vom Wind über große Entfernungen verweht.

❻ HAFTEN

Einige Pflanzensamen besitzen kleine Härchen oder Haken, die an Tierfell oder an der Kleidung von Menschen haften, damit die Samen weit verbreitet werden. Im Mikroskop erkennt man am Samen der Großen Klette viele winzige Häkchen, die sogenannten Kletten. Sie verfangen sich leicht im Fell oder an den Haaren von Tieren und werden auf diese Weise an neue Standorte getragen.

❼ FLIEGEN

Der Kopf eines Löwenzahns enthält viele einzelne Samen. Jeder Samen sitzt an einem langen Flugschirm, der sich leicht vom Wind wegtragen lässt („Pusteblume"). Andere Pflanzen wie der Ahorn schließen ihre Samen in Samenanlagen mit Flügeln ein, die sich mit Windböen ausbreiten.

❽ SPRITZEN

Die Spritzgurke (unten) gehört zur Familie der Kürbisgewächse. Ihre Samen befinden sich in der Frucht, die wie andere Kürbisgewächse aufgebaut ist. Zur Reifezeit zieht sich die Fruchtwand zusammen, platzt auf und schleudert die Samen bis zu 12 m weit hinaus. Dadurch entfernen sich die Samen so weit von der Elternpflanze, dass die jungen Pflanzen ausreichend Platz zum Wachsen haben.

❾ SCHWIMMEN

Planzen, die an Bächen, Flüssen oder an der Küste wachsen, lassen ihre Samen häufig von den Gewässern verbreiten. Die Kokosnuss ist der Samen der Kokospalme. Sie kann im Meerwasser mehrere Monate überleben. Die Samen treiben erst dann aus, wenn sie wieder Süßwasser erhalten.

EVOLUTION UND AUSSTERBEN

Über lange Zeiträume verändern sich Lebewesen nach und nach, weil sich auch die Lebensbedingungen ändern. Die besten Merkmale einer Art werden von einer Generation zur nächsten vererbt. Diesen Vorgang nennt man Evolution (Entwicklung). Millionen von Arten sind jedoch auch ausgestorben und nur Fossilien erinnern noch an ihr früheres Dasein.

▶ EVOLUTION DER VÖGEL

Die Fossilien vieler Tiere, die heute ausgestorben sind, werden untersucht, um den Weg ihrer Entwicklung aufzuzeigen. Nach der Entdeckung des *Archäopteryx*, der vor ungefähr 150 Mio. Jahren lebte, konnte man zeigen, wie sich Vögel aus den Theropoden entwickelten. Der Urvogel *Archäopteryx* besaß wie die Theropoden Zähne, einen starken Kiefer und knöcherne, fingerartige Klauen. Aber er hatte außerdem auch schon Flügel und Federn.

▶ INTERESSANTE ANPASSUNGEN

Einige Tiere haben sich ihrer Umgebung auf ungewöhnliche Art angepasst. Das Fingertier lebt in den Wäldern Madagaskars. Sein Mittelfinger kann bis zu 15 cm lang werden. Damit klopft es Bäume nach Hohlräumen ab, in denen sich Insekten und Larven befinden. Es holt die Beute mit dem langen Finger heraus.

◀ NATÜRLICHE AUSLESE

Die Anpassung von Tieren einer Art an ihre Umgebung, um zu überleben, sich fortzupflanzen und ihre Fähigkeiten an die nächste Generation zu vererben, nennt man natürliche Auslese. Über viele Generationen führen auch kleine Änderungen zu großen Unterschieden. Der Moschusochse hat z. B. über seinem inneren wollenen Fell ein dickes äußeres Fell aus langen Haaren entwickelt, sodass er die Eiseskälte in der Arktis gut ertragen kann.

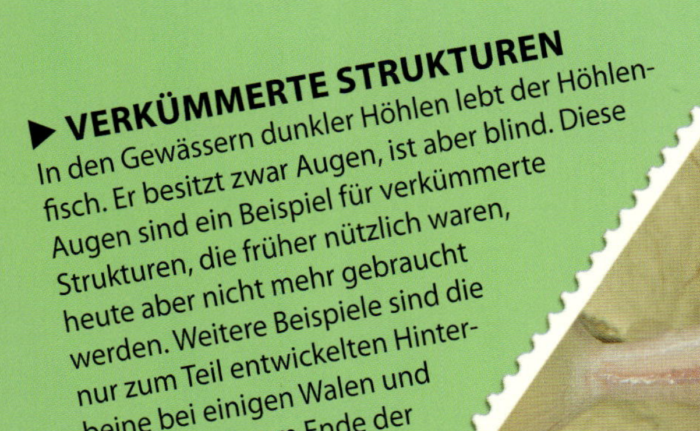

▶ VERKÜMMERTE STRUKTUREN

In den Gewässern dunkler Höhlen lebt der Höhlenfisch. Er besitzt zwar Augen, ist aber blind. Diese Augen sind ein Beispiel für verkümmerte Strukturen, die früher nützlich waren, heute aber nicht mehr gebraucht werden. Weitere Beispiele sind die nur zum Teil entwickelten Hinterbeine bei einigen Walen und das Steißbein am Ende der menschlichen Wirbelsäule als Überbleibsel eines Schwanzes.

MASSENAUSSTERBEN ▲

Im Lauf der Erdgeschichte passierte es immer wieder, dass Arten vollständig ausstarben. Manchmal führten bedeutende Klimaveränderungen, katastrophale Ereignisse wie der Einschlag eines großen Meteoriten oder gewaltige Vulkanausbrüche sogar zur Auslöschung einer großen Anzahl von Arten. Vor ungefähr 65 Mio. Jahren starben am Übergang von der Kreidezeit zum Tertiär ungefähr drei Viertel aller Arten aus, darunter auch die Dinosaurier.

▶ AUSGESTORBEN

Jagd, Zerstörung des Lebensraums, Umweltverschmutzung und die Einführung konkurrierender neuer Arten sind die vier wichtigsten Faktoren, mit denen Menschen das Aussterben von Pflanzen- und Tierarten auslösen oder beschleunigen. Der Dodo war ein großer, flugunfähiger Vogel auf Mauritius, der um 1680 ausstarb. Er wurde von Menschen und Hunden gejagt, die Händler auf die Insel mitgebracht hatten.

Sibirischer Tiger

Berggorilla

◀ BEDROHTE TIERARTEN

Tausende von Arten sind trotz des Einsatzes der Naturschützer vom Aussterben bedroht, darunter der Sibirische Tiger und der Berggorilla. Von beiden Arten gibt es in der Wildnis wohl nicht einmal mehr 700 Tiere. Der Pardelluchs ist wegen der Zerstörung seines Lebensraums und durch Hasenfallen ebenfalls gefährdet.

Pardelluchs

INSEKTEN UND SPINNENTIERE

Von den Insekten existieren mehr Arten als von allen anderen Tieren. Doch innerhalb dieser unglaublichen Vielfalt besitzen nahezu alle Insekten gemeinsame Merkmale. Sie sind wirbellose Tiere mit einem harten Panzer, der ihren Körper stützt (das Außen- oder Exoskelett). Ihr Körper ist in die drei Abschnitte Kopf, Brust und Hinterleib gegliedert. Insekten haben sechs gelenkige Beine und die meisten von ihnen haben auch Flügel, obwohl manche – z. B. die Silberfischchen – keine besitzen. Spinnen haben einen Hinterleib, Kopf, Brust und acht Beine.

Reife weibliche Schmetterlinge legen ihre Eier auf Blättern ab.

Die Larve des Zitronen-Schwalbenschwanzes ist eine Raupe, die sich von Blättern ernährt.

Die Raupe spinnt ihren Körper mit einem Seidenfaden ein und wird zur Puppe.

Nach etwa 24 Stunden schlüpft ein reifer Schmetterling aus der Puppe.

▲ METAMORPHOSE
Viele Insekten legen Eier, die sich in mehreren Stadien zum reifen Tier entwickeln. Diesen Vorgang nennt man Metamorphose. Schmetterlinge und Bienen schlüpfen z. B. als Larven aus dem Ei. Ist die Larve ausgewachsen, geht sie in das Puppenstadium über. In diesem Stadium werden Teile des Körpers abgeworfen oder umgebildet, und erst dann schlüpft das erwachsene Tier.

▼ SCHMETTERLINGE UND MOTTEN
Schmetterlinge wie dieser Kleine Eisvogel sind gewöhnlich tagsüber aktiv. Sie haben große Flügel und lange Mundwerkzeuge, mit denen sie Nektar saugen. Motten sind ebenfalls Schmetterlinge, aber sie sind meist nachts aktiv und ruhen mit ausgebreiteten Flügeln. Weltweit gibt es mehr als 150 000 Arten von Schmetterlingen und Motten.

Flügel

Facettenauge

▲ FLIEGEN
Stubenfliegen, Schnaken, Mücken und Erdschnaken zählen zu den Echten Fliegen. Sie haben nur ein Flügelpaar, während ein weiteres am Hinterleib zu Schwingkölbchen umgebildet ist, die man Halteren nennt. Sie halten während des Flugs das Gleichgewicht. Fliegen zählen zu den schnellsten und beweglichsten Fluginsekten. Ihre Facettenaugen, die aus vielen Einzelaugen bestehen, liefern sehr genaue räumliche Bilder.

◀ AMEISEN

Ameisen bilden Staaten mit nur einer Königin oder nur wenigen Königinnen – sie sind die einzigen Weibchen, die sich fortpflanzen können. Staaten der Blattschneiderameisen haben bis zu 8 Mio. Mitglieder. Mit ihren kräftigen, vibrierenden Kiefern zerteilen sie Blätter. Sie können Lasten tragen, die 20-mal schwerer sind als sie selbst.

◀ SPRINGSCHRECKEN

Grashüpfer, Grillen und Heuschrecken sind Springschrecken. Sie durchlaufen eine unvollständige Metamorphose, weil ihre Larven schon fast so aussehen wie reife Tiere – nur die beiden Flügelpaare fehlen. Schrecken erzeugen markante Töne, indem sie bestimmte Körperteile aneinanderreiben.

Die Schere hält die Beute fest.

Grashüpfer reiben zur Verständigung ihre Hinterbeine an den Flügeln.

▶ SCHNABELKERFEN

Zu dieser Insektengruppe gehören Blattläuse, Zikaden, Wanzen und Wasserläufer (rechts). Sie besitzen schnabelartige Mundwerkzeuge, mit denen sie flüssige Nahrung wie Pflanzensäfte aufsaugen. Einige von ihnen, z. B. der Wasserläufer, sind Fleischfresser und fressen andere Insekten.

BIENEN UND WESPEN ▲

Bienen und Wespen sind Verwandte der Ameise. Bienen ernähren sich von Nektar und bestäuben dabei viele Pflanzen. Wespen ernähren ihre Jungen von Insekten. Nur weibliche Bienen und Wespen besitzen starke Stacheln. Viele Arten von Wespen und die meisten Bienen bilden Staaten in großen Nestern oder Stöcken.

▶ SKORPIONE

Skorpione sind Spinnentiere. Sie besitzen zwei große Scheren und am Hinterleib einen gegliederten Schwanz. Am Schwanzende sitzt ein Stachel mit einem Gift. Skorpione leben vorwiegend in warmen und trockenen Tropengebieten. Sie jagen nachts nach Insekten und Spinnen.

Mit dem Stachel wird die Beute betäubt oder getötet.

◀ KÄFER

Die Käfer bilden mit mehr als 350 000 Arten, die bis heute entdeckt wurden, die größte Gruppe unter den Insekten. Die Vorderflügel der Käfer, auch Deckflügel genannt, sind gehärtet und schützen, wenn sie zusammengefaltet sind, den empfindlichen Hinterleib und die Hinterflügel. Die größte Käferart ist der südamerikanische Bockkäfer. Er kann bis zu 16 cm lang werden.

◀ SPINNEN

Wie die Skorpione gehören Spinnen zu den Spinnentieren. Sie besitzen 8 Beine mit je 7 Abschnitten und über 30 Muskeln. Ihr Körper besteht aus dem Hinterleib und einem verschmolzenen Kopf- und Brustteil, in dem sich Gehirn und Magen befinden. Spinnen sind Fleischfresser und töten ihre Beute häufig mit einem Gift.

Laubfrösche sind Amphibien, die den größten Teil ihres Lebens auf Bäumen verbringen.

REPTILIEN UND AMPHIBIEN

Reptilien sind Landtiere mit einer Haut aus Hornschuppen. Alle Reptilien sind Wirbeltiere und die meisten, mit Ausnahme von Schlangen und Schleichen, besitzen vier Beine. Ungefähr 200 Millionen Jahre lang beherrschten Riesenreptilien, die Dinosaurier, als größte Tiere die Erde. Amphibien waren die ersten Wirbeltiere, die vom Meer aus das Land besiedelten.

▶ WECHSELWARME TIERE

Reptilien und Amphibien sind wechselwarme Tiere. Da sie selbst keine Körperwärme erzeugen können, können sie auch ihre Körpertemperatur nicht regulieren. Zum Aufwärmen nehmen sie ein Sonnenbad und zum Abkühlen gehen sie ins Wasser. Einige Kragenechsen können sogar auf den Hinterbeinen laufen, um ihren Körper durch den Luftzug zu kühlen.

Eine Bergeidechse sonnt sich, um sich aufzuwärmen. Ihre ideale Körpertemperatur liegt bei etwa 30 °C.

Ein Nilkrokodilweibchen bringt sein Junges ins Wasser.

▶ LEBENSZYKLUS DER REPTILIEN

Nur wenige Reptilien, wie z. B. Blindschleichen und Nattern, gebären lebenden Nachwuchs. Die meisten Reptilien legen Eier mit harter oder lederartiger Schale, aus denen die Jungen schlüpfen. Das Nilkrokodil gräbt am Flussufer ein Nest, in das es bis zu 80 Eier ablegt. Das Weibchen bewacht das Nest, bis die Jungen schlüpfen.

Ein junges Nilkrokodil ist nach dem Schlüpfen etwa 30 cm lang.

Froscheier in der Gallertschicht

▼ HAUT DER AMPHIBIEN

Amphibien besitzen weder Haare noch Fell oder Schuppen. Ihre Haut ist von einem Netzwerk winziger Blutkapillaren durchzogen, über die sie Wasser und Sauerstoff aufnehmen. Damit diese Aufnahme auch funktioniert, muss ihre Haut immer feucht sein. Daher sondern die meisten Amphibien ein Sekret aus Schleim ab, das die Haut vor dem Austrocknen schützt. Bei manchen Amphibien ist dieser Schleim sogar giftig, um Jäger abzuschrecken.

▶ HAUT DER REPTILIEN

Reptilien besitzen eine trockene Haut aus Schuppen, die aus Keratin bestehen. Schildkröten haben einen Panzer, der den Körper schützt. Schlangen streifen beim Wachstum mehrmals ihre Haut ab.

▶ LEBENSZYKLUS DER AMPHIBIEN

Die meisten Amphibien legen ihre Eier, den Laich, im Wasser ab. Einige Arten von Fröschen und Kröten legen Tausende von Eiern und verlassen ihre Brut. Andere Arten legen weniger Eier, die sie dann aber bewachen. Amphibieneier sind weich und bei vielen Arten von einer Gallertschicht umgeben. Aus dem Froschlaich schlüpfen Kaulquappen, die Kiemen zum Atmen und einen Schwanz besitzen. Kaulquappen wandeln ihren Körper um, wenn sie sich zu Fröschen entwickeln.

▶ SOMMERSCHLAF

Einige Reptilien und Amphibien wie die Agakröte in Australien werden im Sommer inaktiv, um Nahrung und Energie zu sparen. Dieser sogenannte Sommerschlaf ist ein Überlebensmechanismus. Die Tiere verbringen diese Zeit unter einer Schlammdecke oder in einer Höhle – also an Orten, an denen es kühler ist und eine höhere Feuchtigkeit herrscht. Ihr Herzschlag verlangsamt sich und es verdunstet kaum Wasser aus ihrem Körper.

VÖGEL

Über alle Kontinente sind mehr als 9600 Vogelarten verteilt. Sie sind die einzigen Wirbeltiere mit Federn und alle Weibchen legen Eier. Die meisten Vögel können fliegen, weil sich ihre Vorderbeine zu gefiederten Flügeln entwickelt haben. Dank ihrer Flügel können einige Vögel beim Jagen in Blitzgeschwindigkeit zu Boden schießen oder auch viele Stunden lang durchhalten und weite Strecken zurücklegen.

◀ SKELETT

Die meisten Vögel sind für ihre Größe sehr leicht gebaut – der australische Keilschwanzadler hat z. B. eine Flügelspanne von rund 2,5 m, er wiegt aber nur 4,5 kg. Zu diesem geringen Gewicht tragen zum Teil die Knochen bei, denn einige von ihnen sind hohl. Das Skelett eines Vogels muss leicht sein, aber gleichzeitig auch kräftig genug, um zu fliegen.

▼ FEDERN

Ein Vogel besitzt zwischen 800 und 20 000 Federn, die während seines Lebens ständig ersetzt werden. Federn bestehen aus einem zentralen Schaft mit Federästen, an denen kleine Widerhaken sitzen. Sie ermöglichen das Fliegen und bewahren das Wasser und die Wärme im Körper. Bei einigen Vögeln dienen sie auch zur Tarnung oder dazu, während der Balz eine Partnerin zu beeindrucken.

◀ FLUGMUSKELN

Eine männliche Großtrappe wiegt bis zu 19 kg und zählt zu den schwersten flugfähigen Vögeln der Welt. Vögel brauchen kräftige Brustmuskeln, die an einem Teil des Brustbeins sitzen, den man Kiel nennt. Diese Muskeln müssen für das Fliegen ausreichend Kraft entwickeln. Durch den Flügelschlag wird so viel Luft nach unten gedrückt, dass ein Vogel abheben und fliegen kann.

Ein Tukanschnabel kann bis zu einem Drittel der Körperlänge ausmachen.
Mit seinem dolchartigen Schnabel fängt der Eisvogel Fische.
Gelege
Nest aus Zweigen und anderen Pflanzenteilen

◀ FLUGGEWANDTHEIT

Viele Vögel sind beim Fliegen außergewöhnlich geschickt oder schnell – ein Wanderfalke erreicht z. B. 320 km/h. Turmfalken können in der Luft stehen bleiben, während sie den Boden nach Beute absuchen. Auch Kolibris bleiben lange am selben Ort in der Luft, wenn sie an einer Blüte Nektar saugen. Sie schlagen dabei bis zu 90-mal pro Sekunde mit den Flügeln.

▶ FLUGUNFÄHIGE VÖGEL

Im Lauf der Jahrtausende haben manche Vögel die Fähigkeit des Fliegens verloren. Dazu zählen einige Meeresvögel wie die Pinguine, die ihre Flügel wie Flossen zum Schwimmen nutzen. Es gibt flugunfähige Vögel in allen Größen, von der 17 cm langen Atlantikralle bis hin zum Strauß, dem größten lebenden Vogel. Straußenmännchen werden bis zu 2,5 m groß und erreichen beim Laufen Geschwindigkeiten von etwa 70 km/h.

▲ SCHNÄBEL

Alle Vögel besitzen einen Schnabel. Sie nutzen ihn zum Reinigen der Federn, zum Nestbau und zur Fütterung ihrer Jungen. Die Form des Schnabels ist jeweils dem Lebensraum des Vogels angepasst – Brachvögel, Wasserläufer und andere watende Vögel besitzen lange schmale Schnäbel, um im Sand und Watt Nahrung zu suchen. Adler und andere Raubvögel haben gekrümmte Schnäbel, mit denen sie Fleisch reißen können.

▲ ENERGIE

Die Nahrung der Vögel enthält viel Eiweiß (Protein) und Energie. Eisvögel gehören zu den vielen Arten, die in Gewässer tauchen und Fische, Insekten oder kleine Amphibien fangen. Andere Arten wie Papageien fressen Früchte und Nüsse. Vögel besitzen keine Zähne, sondern zermahlen Samen und Knochenteile mit ihrem Muskelmagen.

▲ GELEGE UND NESTER

Alle Vögel legen Eier, die sie im Boden vergraben oder mithilfe ihrer Körperwärme ausbrüten. Nester bieten Schutz vor Raubtieren. Es gibt sie in vielen Formen, von der flachen Grube am Boden bis hin zu kunstvollen Gebilden aus Lehm und Pflanzenteilen. Kukucke sind ein Beispiel für Brutschmarotzer: Sie legen ihre Eier in fremde Nester und lassen sie dort ausbrüten.

LEBEN IM WASSER

Die Flüsse, Meere und Seen auf der Erde sind voller Lebewesen. Mehr als zwei Drittel der Erdoberfläche sind mit Wasser bedeckt. Selbst in den Ozeanen leben die meisten Meerestiere in den oberen Wasserschichten bis etwa 100 Meter Tiefe, weil es dort noch hell ist und weil dort riesige Mengen winziger Organismen leben, das sogenannte Plankton. Plankton bildet die Grundlage der Ernährung aller Meerestiere, weil sie sich entweder direkt vom Plankton ernähren oder von Tieren, die Plankton fressen.

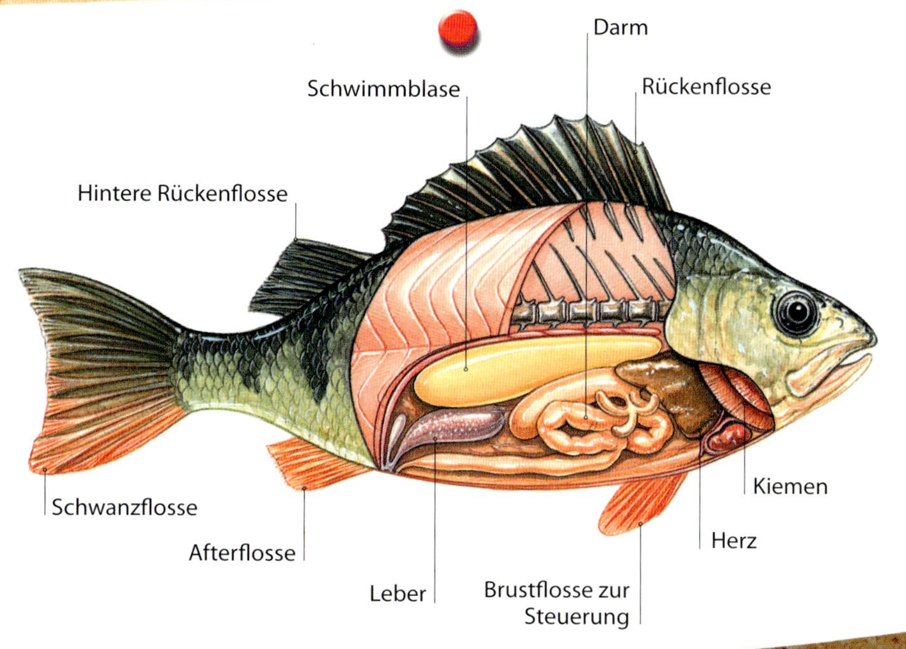

▲ FISCHE

Fische leben im Wasser. Ihre Haut besteht aus schützenden Schuppen. Über ihre Kiemen – das sind besondere Organe, die sich am hinteren Kopfende befinden – atmen sie den im Wasser gelösten Sauerstoff. Die meisten Fische haben mehrere Flossen, mit denen sie ihre Lage im Wasser stabilisieren und ihre Schwimmbewegungen steuern.

▲ KNOCHENFISCHE

Alle Arten der Knochenfische besitzen ein Skelett aus Knochen mit einer biegsamen Wirbelsäule. Die Schwimmblase ist ein Organ, das den Fischen einen ständigen Auftrieb gibt, auch wenn der Wasserdruck sich ändert. Dieser Mondfisch ist der schwerste Knochenfisch – er wiegt ungefähr 2000 kg.

▼ KNORPELFISCHE

Rochen und Haie wie dieser große Weiße Hai zählen zu den Knorpelfischen. Ihr Skelett besteht nicht aus Knochen, sondern aus Knorpel. Weil ihnen die Schwimmblase fehlt, müssen sie sich ständig bewegen, wenn sie nicht absinken wollen. Die meisten Arten der Haie sind Raubtiere. Rochen sind flache Fische, die dicht über dem Meeresboden leben, wo sie kleinere Fische jagen.

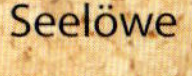

Seelöwe

▶ MEERESSÄUGETIERE

Einige Säugetiere (siehe S. 24–25) verbringen ihr Leben zum größten Teil oder sogar ganz im Wasser. Zu ihnen zählen viele Arten der Wale und Tümmler sowie die pflanzenfressenden Dugongs und Seekühe. Alle Meeressäugetiere müssen immer wieder auftauchen, um zu atmen. Andere Arten wie Seelöwen, Walrosse und Robben sind zwar ausgezeichnete Schwimmer, ihre Jungen gebären sie aber an Land.

▲ STACHELHÄUTER

Seesterne, Seeigel und Schlangensterne zählen zu den Stachelhäutern. Ihre Skelette bestehen aus Kalkplatten, die auch die kleinen Stacheln bilden. Die Körper aller Stachelhäuter sind in fünf Abschnitte gegliedert. Seesterne besitzen z. B. fünf Arme und fünf Verdauungs- und Fortpflanzungsorgane. Wenn sie einen Arm verlieren, wächst er wieder nach.

◀ NESSELTIERE

Quallen, Seeanemonen und Korallen sind Nesseltiere. Diese Tiere haben weder ein Gehirn noch ein zentrales Nervensystem. Der Körper ist oft glockenförmig und hohl, das Maul ist von Tentakeln umgeben und enthält brennende Nesselzellen zum Betäuben der Beute. Manche Quallen gefährden auch Menschen – die Berührung der australischen Würfelqualle wirkt innerhalb von Minuten tödlich.

▲ KOPFFÜSSER

Weichtiere ohne harte Außenschale, aber mit Tentakeln nennt man Kopffüßer. Zu ihnen zählen Tintenfische, Kalmare und einige Arten der Kraken. Ein Krake hat acht Arme, ein gut entwickeltes Gehirn und sehr gute Augen. Bei Gefahr presst er Wasser aus seiner Mantelhöhle und schnellt so aufgrund des Rückstoßprinzips vorwärts.

▼ KREBSTIERE

Diese Gruppe aus über 40 000 Arten von Wirbellosen umfasst die winzigen Wasserflöhe, die nur 0,1 mm groß sind, ebenso wie die japanische Seespinne mit ihrer Beinspanne von über 3,7 m. Zu den Krebstieren zählen Garnelen, Hummer und Krebse. Sie besitzen harte Schalen, Kiemen, Augen, die auf Stielen sitzen, und vier oder mehr Beinpaare.

▼ KORALLEN

Korallen bestehen aus einzelnen, Kolonien bildenden Nesseltieren. Ihre lebhaften Farben stammen von den hellen Algen, die sie besiedeln. Steinkorallen bilden durch Kalkeinlagerungen Skelette. Aus abgestorbenen oder abgefallenen Skelettteilen entstehen im Lauf der Zeit große Korallenriffe.

▼ SCHWÄMME

Es gibt ungefähr 10 000 Arten von Schwämmen. Schwämme sind einfache, wirbellose Tiere. Sie leben vorwiegend in Salzwasser, obwohl auch im Süßwasser einige Arten vorkommen. Sie siedeln sich auf harten Böden an und ernähren sich von winzigen Nahrungsteilchen, die sie durch Öffnungen, die Ostia, aus dem Wasser filtrieren.

▼ WEICHTIERE

Die meisten Weichtiere sind von harten Schalen umgeben. Sie bestehen aus Kalziumkarbonat, das von einem Körperteil, dem Mantel, ausgeschieden wird. Die Riesenmuschel wird bis zu 100 Jahre alt. Sie kann mehr als 1,2 m groß werden. Die meisten Weichtiere (Schnecken, Austern und Muscheln) sind jedoch sehr viel kleiner.

SÄUGETIERE

Vor ungefähr 220 Millionen Jahren entwickelten sich die Säugetiere aus einer Gruppe Reptilien, die man Therapsiden nennt. Die ersten Säugetiere waren so groß wie Spitzmäuse. Sie überlebten unter anderem deshalb, weil sie als gleichwarme Tiere ihre Körpertemperatur immer gleichbleibend warm halten und daher auch nachts aktiv sein konnten. Heute gibt es weltweit mehr als 5000 Arten von Säugetieren, von sehr kleinen Tieren wie der etruskischen Spitzmaus, die weniger als 2 Gramm wiegt, bis hin zum Blauwal, der über 150 Tonnen schwer ist.

❶ JUNGE

Nahezu alle Säugetiere bringen lebende Junge zur Welt. Einige – wie die Gnus – können bereits wenige Minuten nach der Geburt stehen und laufen. Im Gegensatz dazu sind die Beuteltiere bei ihrer Geburt noch nicht vollständig entwickelt. Sie wachsen im Beutel der Mutter heran, in dem sie auch Muttermilch saugen können. Kängurus, Koalas und Wallabys gehören zu den Beuteltieren oder Beutelsäugern.

❸ MUTTERMILCH

Die Weibchen der Säugetiere füttern ihre Jungen mit nahrhafter Milch aus ihren Brustdrüsen. Diese Milch ist fett- und eiweißreich, um das Wachstum zu fördern. Sie enthält auch Antikörper, die vor Krankheiten schützen. Junge Säugetiere saugen mit ihren Mäulern an den Brustwarzen, die sich beim Saugreiz öffnen. Menschen besitzen nur zwei Brustwarzen, Schweine dagegen sechzehn!

Eine erwachsene, männliche Giraffe wird über 5 m groß.

❹ SOZIALVERHALTEN

Säugetiere zählen zu den fürsorglichsten Eltern der Tierwelt. Die Jungen vieler Arten erlernen nicht nur die Futtersuche und Überlebensstrategien, sondern auch das Sozialverhalten in ihrer Gruppe. Erdmännchen leben in Gruppen mit ausgeprägtem Sozialverhalten, in denen die Jungen von den Älteren erzogen werden. Wenn Erdmännchen nach Futter suchen, sind sie leicht angreifbar. Deshalb steht ein Gruppenmitglied immer auf den Hinterbeinen und hält Ausschau nach Feinden.

Das Schnabeltier gehört zu den drei Säugetierarten, die Eier legen.

❷ KLOAKENTIERE

Kloakentiere bilden unter den Säugetieren eine Ausnahme: Sie sind die einzigen Säugetiere, die Eier legen. Die drei Arten der Kloakentiere kommen nur in Australien und Neuguinea vor. Es sind zwei Arten von Ameisenigeln und das Schnabeltier. Ihre Jungen saugen die Milch nicht aus Drüsen, sondern lecken sie stattdessen aus dem Fell der Mutter, die sie vorher abgesondert hat.

❺ WIRBELTIERE

Alle Säugetiere sind Wirbeltiere. Ihre Körper werden von einem inneren Skelett gestützt, zu dem auch eine Wirbelsäule gehört, die aus einzelnen Wirbelknochen besteht. Bei fast allen Säugetieren setzt sich der Hals aus sieben Wirbeln zusammen. Bei den Giraffen ist jeder dieser sieben Wirbelknochen rund 25 cm lang und biegsam.

6 ISOLIERUNG
Die meisten Säugetiere haben unter der Haut eine Fettschicht, die den Körper vor Kälte schützt. In sehr kalten Gebieten besitzen sie sogar sehr dicke Fettschichten, die bei Meeressäugetieren wie diesen Walrossen in der Arktis bis zu 15 cm dick werden kann. Ein ausgewachsenes Walross wiegt manchmal 1,6 t.

7 FELL UND HAARE
Die Haut von Säugetieren ist entweder das ganze Leben lang oder auch einen Teil des Lebens mit Haaren oder Fell bedeckt. Die Fell- oder Haarstränge speichern Luft und halten das Tier warm. Dem Seeotter fehlt die dicke Fettschicht anderer Meeressäuger, dafür hat er extrem dichtes Haar. Jeder Quadratzentimeter seines Körpers ist mit 40 000 Haaren bedeckt.

Biber zerkleinern mit den Schneidezähnen ganze Baumstämme und Äste.

8 GLEICHWARME TIERE
Säugetiere sind gleichwarme Tiere, die ihre Körpertemperatur selbst aufrechterhalten und regulieren können. Abkühlen können sie sich durch Schwitzen oder auch durch bestimmte Verhaltensweisen, z. B. wenn sie sich, wie der Leopard oben, im Schatten ausruhen.

9 UNTERKIEFER
Säugetiere besitzen einen beweglichen Unterkiefer und verschiedene Zähne, die jeweils auf bestimmte Aufgaben spezialisiert sind. Mit den Schneidezähnen beißen sie ab, mit den Eckzähnen reißen sie und mit den Vormahl- und Backenzähnen wird die Nahrung zermahlen.

10 SINNE
Säugetiere besitzen hoch entwickelte Sinne. Der Sternnasenmaulwurf hat 22 Tentakel um seine Nase, die sehr empfindlich auf Berührungen reagieren. Dadurch erkennt er Insekten und andere Beutetiere auch unter der Erde, wo er nichts sehen kann.

ÖKOSYSTEME

Ein Ökosystem umfasst eine Gemeinschaft verschiedener Lebewesen zusammen mit ihrer Umwelt und dem örtlichen Klima. Ökosysteme können so klein wie ein Teich oder ein verotteter Baumstumpf sein, aber auch so groß wie ein tropischer Regenwald. Wir betrachten Ökosysteme zwar als eigenständige Einheiten, damit wir sie leichter erforschen können, aber in Wirklichkeit gibt es fast keine in sich geschlossenen Systeme, sodass Nahrung und Energie auch zwischen den Systemen ausgetauscht werden.

Teichalgen sind eine Grundlage der Nahrungskette, weil sie durch Fotosynthese Nahrung erzeugen.

Insektenlarven fressen Teichalgen. Sie sind auf der zweiten Stufe der Nahrungskette.

◀ NAHRUNGSKETTE

Nahrungsketten beschreiben den Fluss der Nahrung und Energie in einem Ökosystem. Pflanzen, die durch Fotosynthese Nahrung aus Sonnenlicht herstellen, bilden die Grundlage der Nahrungskette. Tiere können dagegen keine Nahrung herstellen. Sie müssen entweder Pflanzen fressen oder andere Tiere, die sich von Pflanzen ernähren. Pflanzenfresser bilden die zweite Stufe der Nahrungskette, Fleischfresser die dritte. Von Stufe zu Stufe der Nahrungskette geht jeweils sehr viel Energie verloren, weil nur ein kleiner Teil der Energie, die ein Lebewesen während seines Lebens verbraucht, an das Lebewesen, von dem es gefressen wird, weitergegeben wird.

▲ LEBENSRAUM

Das Gebiet, in dem ein Lebewesen beheimatet ist, nennt man seinen Lebensraum oder sein Habitat. Einige Tiere haben sich an ungewöhnliche Lebensräume angepasst oder nutzen von anderen Tieren verlassene Wohnungen. Der Elfenkauz bewohnt häufig Höhlen im Riesenkaktus, die vorher dem Gilaspecht als Nest dienten.

Eine Perleule schießt herab, um eine Schlange zu fangen.

Frösche stehen auf der dritten Stufe der Nahrungskette. Mit ihrer klebrigen Zunge fangen sie Larven.

Ringelnattern ernähren sich von Fröschen, Insekten und anderen Teichbewohnern.

◀ ZERSETZER
Fliegenpilze wachsen auf verrottendem Pflanzenmaterial am Waldboden. Viele Pilzarten zersetzen zusammen mit Bakterien und einigen Wurmarten totes organisches Material in seine Bestandteile. Auf diese Weise reichern sie den Boden mit Humus, wertvollen Mineralen und Nährstoffen an, die dann neuen Pflanzen als Lebensgrundlage dienen.

Diese Seeanemone wird auf der Schale eines Einsiedlerkrebses getragen.

◀ MUTUALISMUS
Eine Beziehung zwischen zwei verschiedenen Arten, die beiden Vorteile bringt, nennt man Mutualismus. Bienen erhalten z. B. Nektar von den Blüten, die sie bestäuben. Bakterien im Darm von Kühen bekommen Nährstoffe und unterstützen dafür deren Verdauung. Der Rotschnabel-Madenhacker entfernt Zecken von Nilpferden, die ihm als Nahrung dienen.

▲ KOMMENSALISMUS
In Ökosystemen gibt es viele verschiedene enge Lebensgemeinschaften zwischen mehreren Arten. Beim Kommensalismus profitiert zwar nur die eine Art, die andere wird dabei aber nicht geschädigt. Manche Pflanzen wie Orchideen, Bromelien und einige Farne und Moose leben z. B. auf höheren Pflanzen, weil sie dort mehr Sonnenlicht erhalten.

◀ PARASITISMUS
Beziehungen, bei der nur eine Art den Vorteil hat, während die andere geschädigt wird, nennt man Parasitismus. Blattläuse sind Parasiten (Schmarotzer), die Pflanzensaft aus Stielen und Blättern saugen. Dadurch können sie die Pflanze zerstören, Viren übertragen oder das Wachstum zersetzender Pilze fördern. Einige Parasiten wie Bandwürmer leben in ihren Wirten. Andere Parasiten werden immer wieder von einem Wirt zum nächsten übertragen, wie z. B. die Malaria, die wir Menschen durch Stiche von Moskitos erhalten.

▶ GLEICHGEWICHT
In einem florierenden Ökosystem herrscht ein Gleichgewicht zwischen den Lebewesen, die Nahrung herstellen, den Lebewesen, die sie verbrauchen, und der Umwelt. Wenn neue Arten eingeführt werden, wird dieses Gleichgewicht oft gestört. Im Jahr 1935 wurden in Australien etwa 100 Agakröten ausgesetzt, um Schädlinge an den Zuckerrohrpflanzen zu bekämpfen. Die Agakröten haben sich seitdem auf mehr als 100 Mio. Tiere vermehrt. Mit ihrer giftigen Haut und ihrer Gefräßigkeit sind sie eine Gefahr für die einheimischen Tiere.

DER MENSCH

▼ ZELLEN
Unser Körper besteht aus ungefähr 200 verschiedenen Zellarten, z. B. Fettzellen, die Fette speichern, oder Brustdrüsenzellen, die in der weiblichen Brust Milch erzeugen. Obwohl sie viele verschiedene Funktionen ausüben, sind alle Zellen ähnlich aufgebaut: Die äußere Zellmembran (Haut) umgibt das Zellplasma, und darin liegt wiederum der Zellkern.

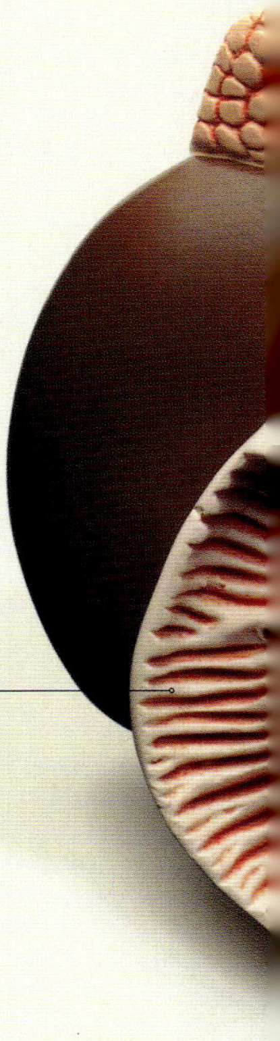

Der menschliche Körper ist aus rund 100 Billionen Zellen aufgebaut. Viele dieser winzigen Einheiten lagern sich zu Geweben zusammen. Ein Organ, das eine oder mehrere Funktionen ausübt, besteht in der Regel aus zwei oder mehr Gewebearten und arbeitet oft mit anderen Zellen, Geweben und Organen in einem System. Im menschlichen Körper funktionieren zwölf große Systeme wie beispielsweise das Lymphsystem und der Blutkreislauf.

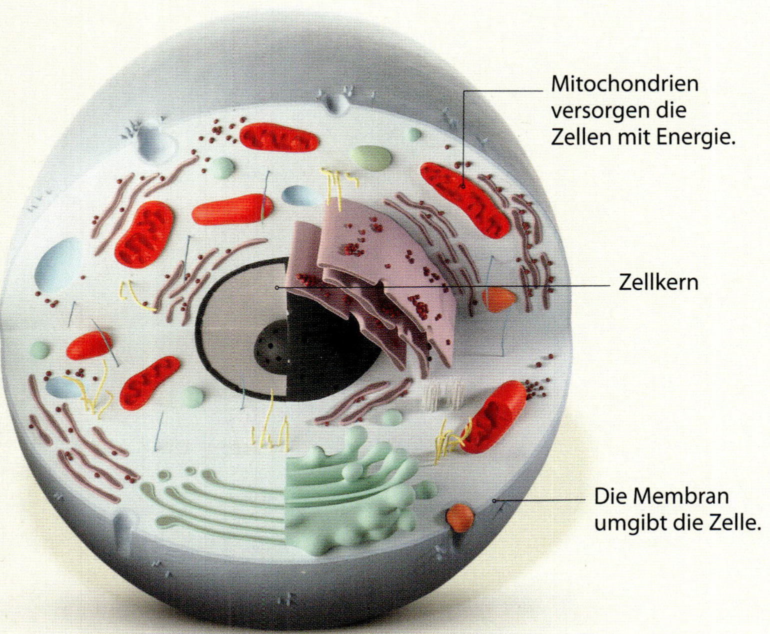
Mitochondrien versorgen die Zellen mit Energie.
Zellkern
Die Membran umgibt die Zelle.

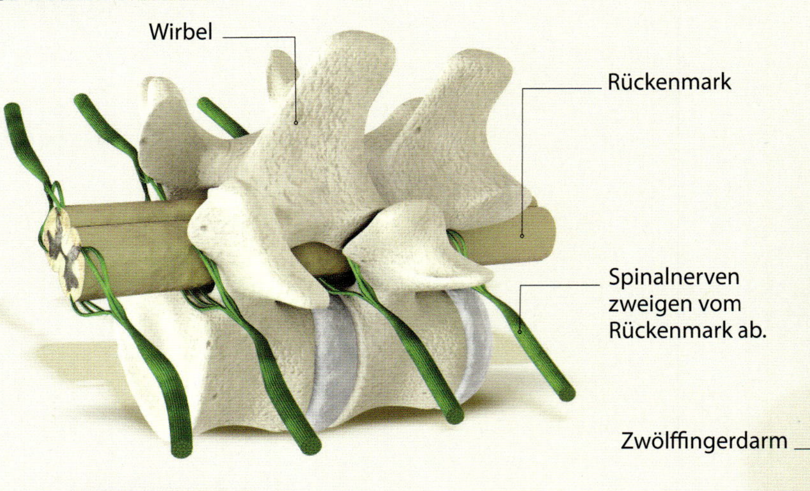
Wirbel
Rückenmark
Spinalnerven zweigen vom Rückenmark ab.

Zwölffingerdarm

▲ NERVENGEWEBE
Netzwerke aus langen Zellen verbinden alle Teile des Körpers mit dem Gehirn und leiten elektrische Signale hin und her. Das Nervengewebe bildet die einzelnen Nerven, das Gehirn im Schädel und auch das Rückenmark, das durch die gesamte Wirbelsäule läuft.

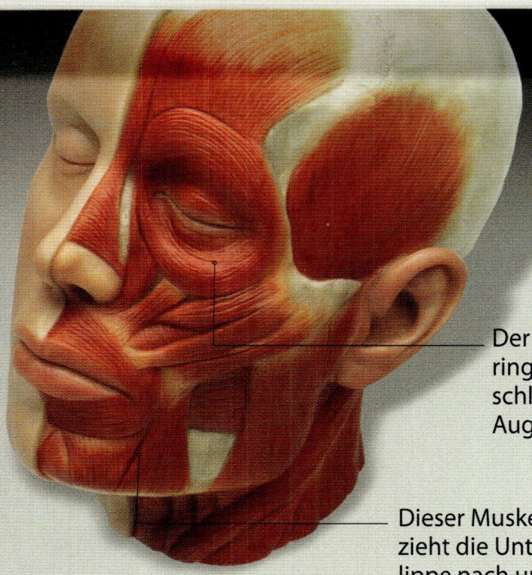

Der Lidringmuskel schließt die Augen.

Dieser Muskel zieht die Unterlippe nach unten.

▲ MUSKELGEWEBE
Die Zellen des Muskelgewebes ziehen sich zusammen, wenn sie von Nervensignalen angeregt werden, und erzeugen so Bewegungen. Mehr als 30 Gesichtsmuskeln sind am Schädel befestigt und erzeugen verschiedene Gesichtsausdrücke wie Freude oder Wut. Andere Muskeln am Schädel steuern die Augenbewegungen oder bewegen den Unterkiefer.

▶ HORMONSYSTEM
Dieses System besteht aus Drüsen, die Hormone erzeugen und freisetzen. Diese chemischen Botenstoffe beeinflussen und regulieren verschiedene Körperfunktionen wie Wachstum und Fortpflanzung. Die meisten Botenstoffe werden ins Blut abgegeben und entfalten ihre Wirkung nur langsam.

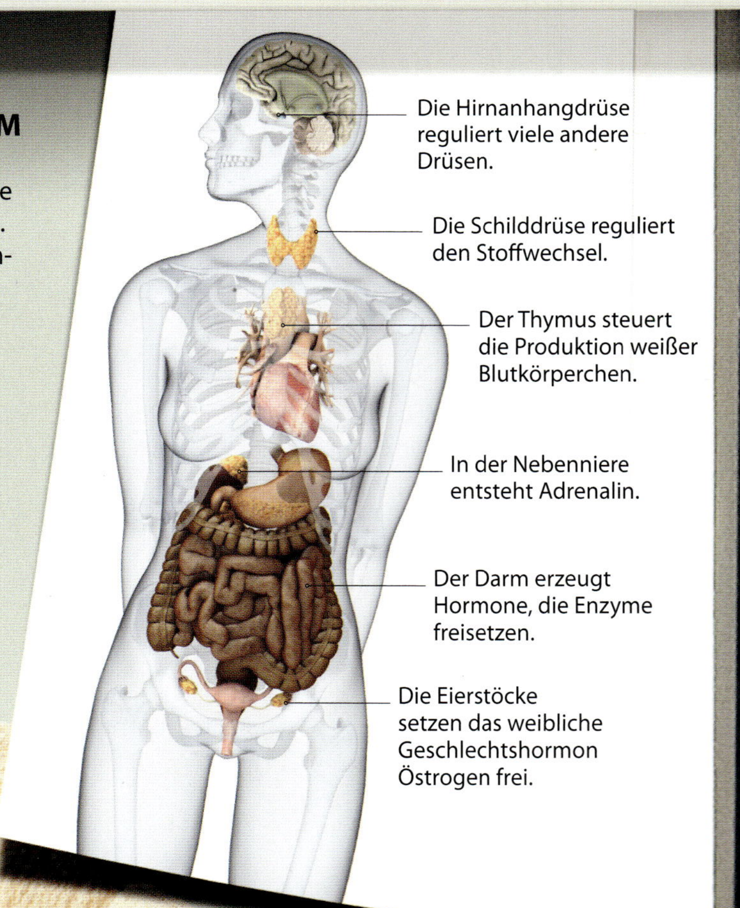

Die Hirnanhangdrüse reguliert viele andere Drüsen.

Die Schilddrüse reguliert den Stoffwechsel.

Der Thymus steuert die Produktion weißer Blutkörperchen.

In der Nebenniere entsteht Adrenalin.

Der Darm erzeugt Hormone, die Enzyme freisetzen.

Die Eierstöcke setzen das weibliche Geschlechtshormon Östrogen frei.

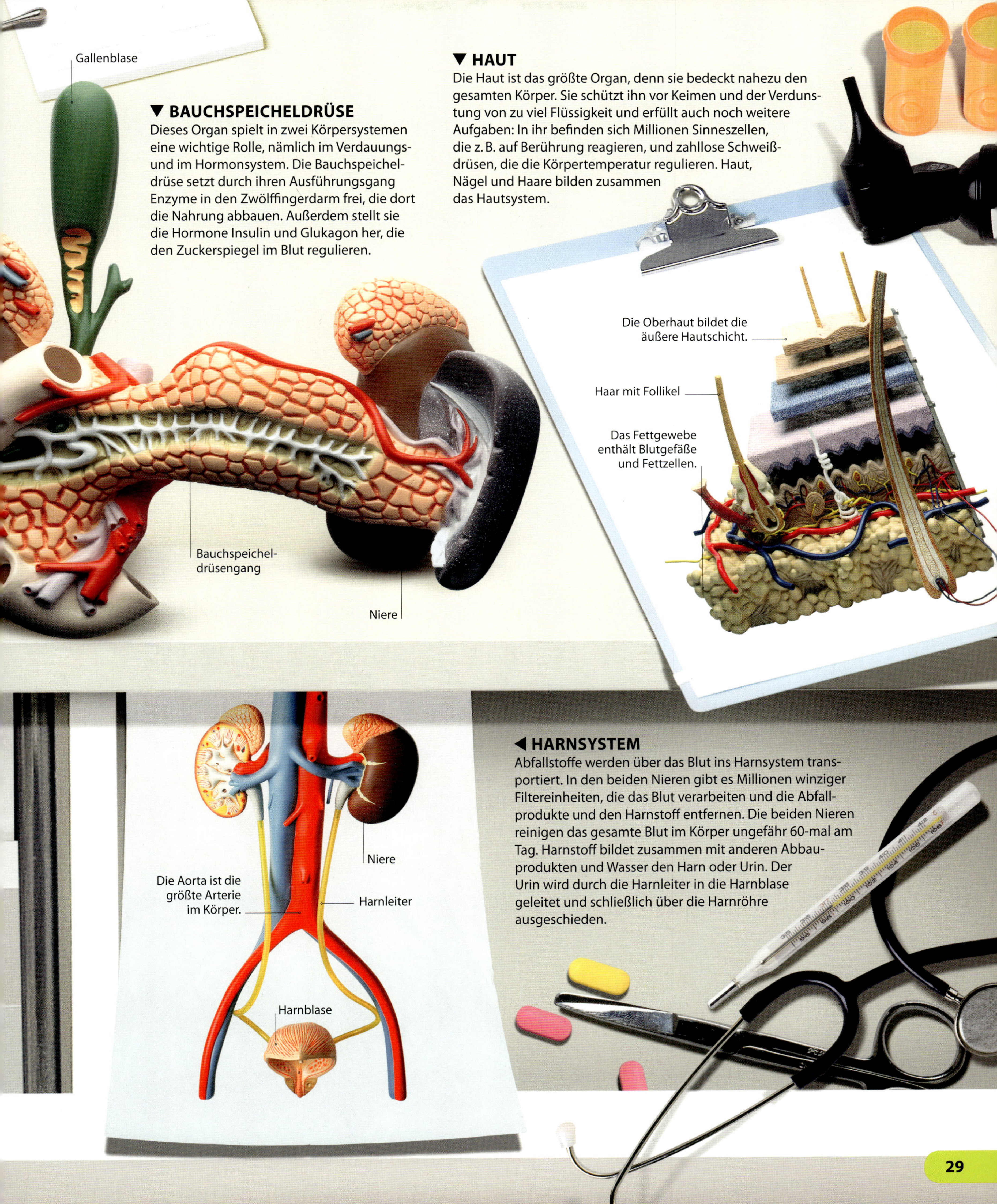

▼ BAUCHSPEICHELDRÜSE

Dieses Organ spielt in zwei Körpersystemen eine wichtige Rolle, nämlich im Verdauungs- und im Hormonsystem. Die Bauchspeicheldrüse setzt durch ihren Ausführungsgang Enzyme in den Zwölffingerdarm frei, die dort die Nahrung abbauen. Außerdem stellt sie die Hormone Insulin und Glukagon her, die den Zuckerspiegel im Blut regulieren.

▼ HAUT

Die Haut ist das größte Organ, denn sie bedeckt nahezu den gesamten Körper. Sie schützt ihn vor Keimen und der Verdunstung von zu viel Flüssigkeit und erfüllt auch noch weitere Aufgaben: In ihr befinden sich Millionen Sinneszellen, die z. B. auf Berührung reagieren, und zahllose Schweißdrüsen, die die Körpertemperatur regulieren. Haut, Nägel und Haare bilden zusammen das Hautsystem.

◀ HARNSYSTEM

Abfallstoffe werden über das Blut ins Harnsystem transportiert. In den beiden Nieren gibt es Millionen winziger Filtereinheiten, die das Blut verarbeiten und die Abfallprodukte und den Harnstoff entfernen. Die beiden Nieren reinigen das gesamte Blut im Körper ungefähr 60-mal am Tag. Harnstoff bildet zusammen mit anderen Abbauprodukten und Wasser den Harn oder Urin. Der Urin wird durch die Harnleiter in die Harnblase geleitet und schließlich über die Harnröhre ausgeschieden.

SKELETT UND MUSKELN

Der menschliche Körper besitzt 206 leichte, aber stabile Knochen. Sie tragen den Körper und bilden ein Gerüst, an dem die Muskeln sitzen. Der kleinste Knochen ist der winzige Steigbügel im Mittelohr, der größte und längste ist dagegen der Oberschenkelknochen. Manche Knochen sind hauptsächlich dazu da, empfindliche innere Organe zu schützen. Zu ihnen gehören die Rippen, die den Brustkorb bilden, und der Schädel, der das Gehirn umgibt.

▶ SKELETT

Das Skelett lässt sich in zwei Bereiche unterteilen – den Rumpf (Achsenskelett) und die Gliedmaßen (Extremitätenskelett). Zum Rumpf zählen Schädel, Wirbelsäule, Rippen und Brustbein. Die Gliedmaßen bestehen aus den Knochen der Arme und Beine sowie aus dem Schulter- und dem Beckengürtel, die Arme und Beine mit dem Rumpf verbinden.

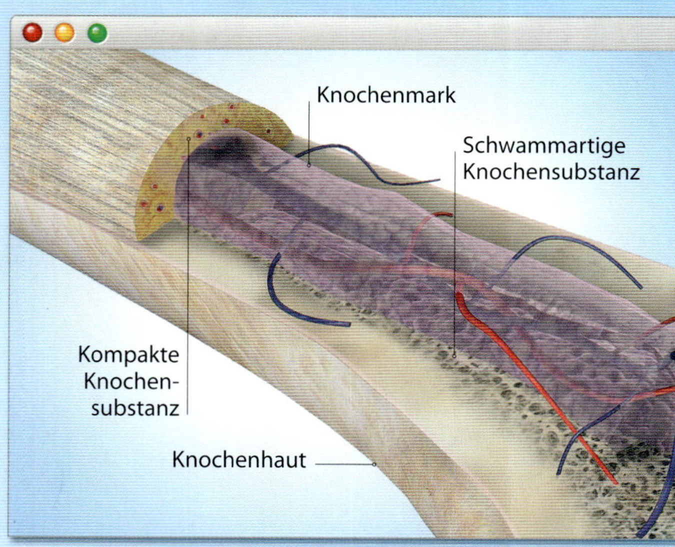

▲ AUFBAU DER KNOCHEN

Ein Schnitt durch den Oberarmknochen zeigt die kompakte Knochensubstanz, die aus Röhrchen besteht, sowie die innere, schwammartige Knochensubstanz aus Knochenbälkchen. Im Zentrum befindet sich das Knochenmark. In Röhrenknochen speichert es Fett, während es in einigen flachen Knochen wie den Rippen rote Blutkörperchen bildet. Blutgefäße versorgen die Knochen mit Nährstoffen und Sauerstoff.

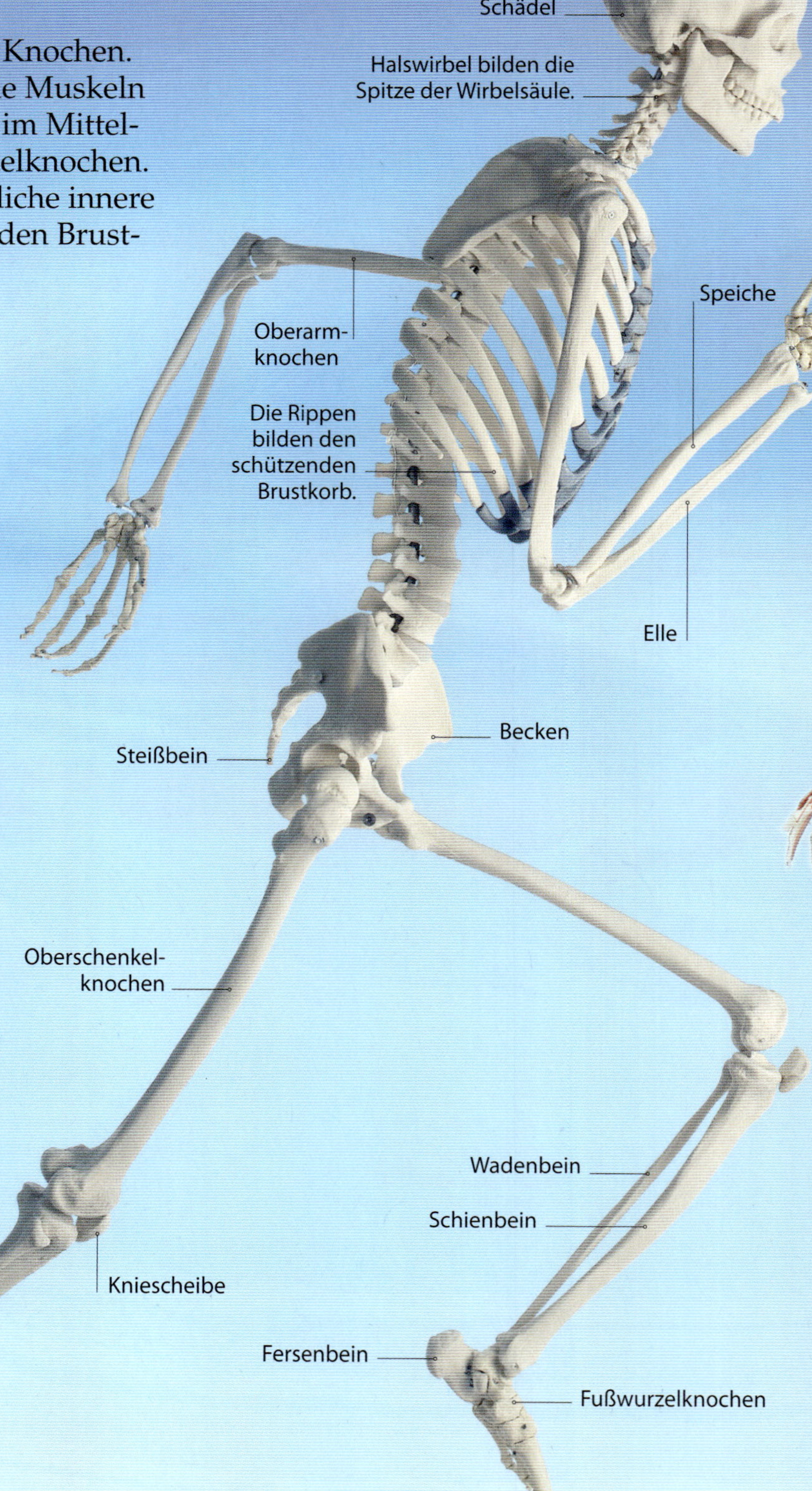

▶ GELENKE

Gelenke verbinden zwei oder mehr Knochen. Bewegliche Gelenke wie das Knie bieten viel Bewegungsfreiheit. Die Knochenenden darin sind mit Knorpel überzogen und von einer Kapsel umhüllt. Diese Kapsel enthält eine Flüssigkeit, die die Reibung vermindert.

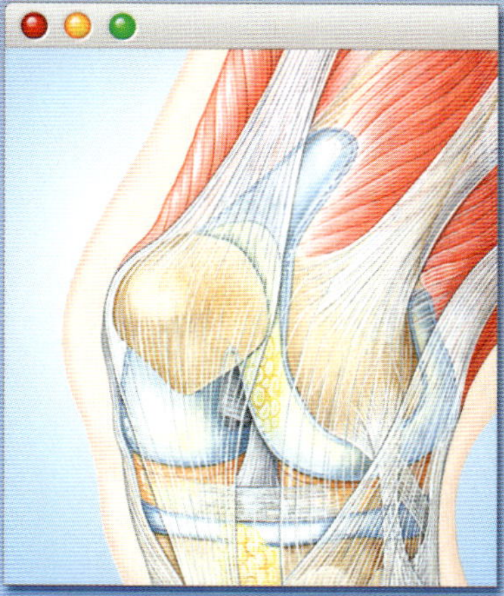

▼ BEWEGUNGSFREIHEIT

Einige Gelenke, z. B. die Gelenke zwischen den Schädelknochen, sind unbeweglich, andere, z. B. die Wirbel, sind eingeschränkt beweglich. Wieder andere Gelenke, z. B. an Fingern und Händen, sind sehr beweglich. Wir können mit großen Gegenständen ebenso gut umgehen wie mit kleinen.

Mittelhand-
knochen
Fingergelenk
Fingerknochen

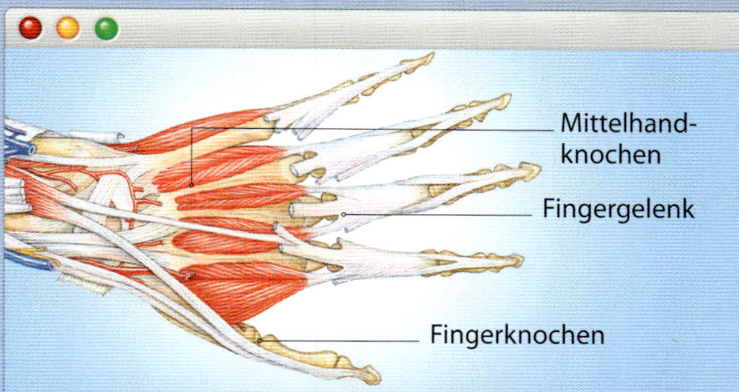

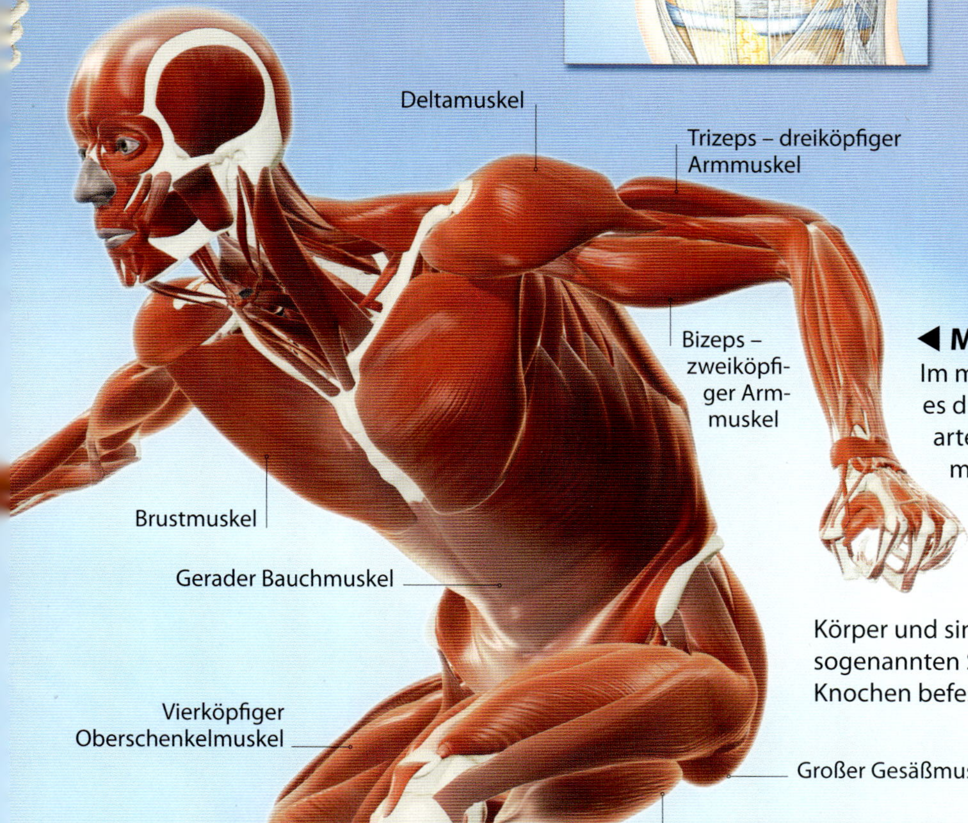

Deltamuskel
Trizeps – dreiköpfiger Armmuskel
Bizeps – zweiköpfiger Armmuskel
Brustmuskel
Gerader Bauchmuskel
Vierköpfiger Oberschenkelmuskel
Großer Gesäßmuskel
Hinterer Oberschenkelmuskel
Zweiköpfiger Wadenmuskel
Achillessehne
Kurzer Zehenbeuger

◀ MUSKELN

Im menschlichen Körper gibt es drei verschiedene Muskelarten. Herzmuskulatur findet man nur im Herzen. Glatte Muskeln befinden sich in den Organen wie dem Darm. Die Skelettmuskeln formen den Körper und sind über Bänder – die sogenannten Sehnen – an den Knochen befestigt.

Muskel-
faser

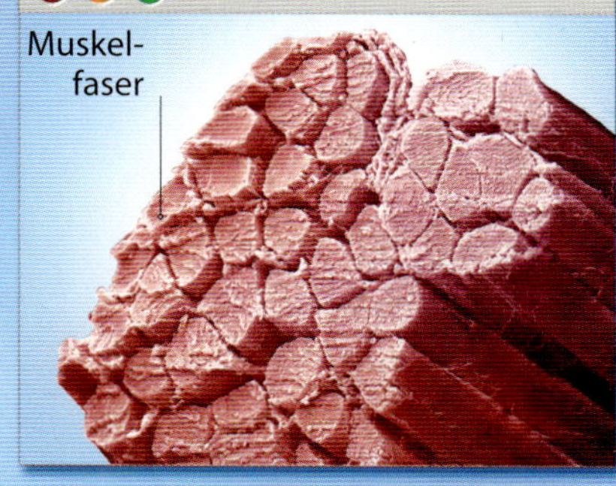

▲ SKELETTMUSKELN

Skelettmuskeln enthalten lange Fasern aus winzigen Strängen, den sogenannten Myrofibrillen. Blutgefäße versorgen die Muskeln mit Nährstoffen und Sauerstoff, während Nervenenden Signale aus dem Gehirn und dem zentralen Nervensystem abgeben. Als Antwort auf die Nervensignale ziehen sich die Muskelfasern zusammen.

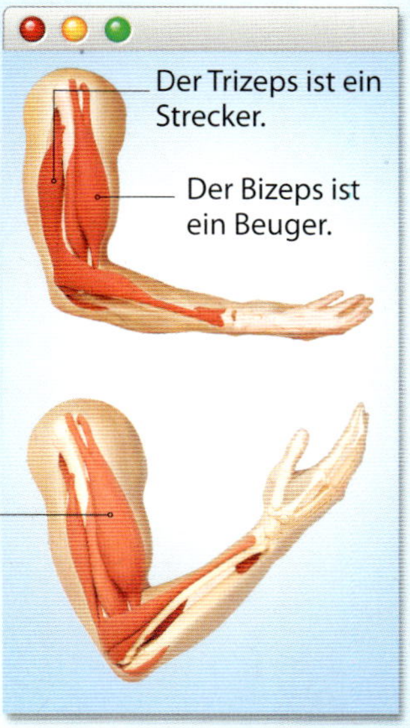

Der Trizeps ist ein Strecker.
Der Bizeps ist ein Beuger.
Der Bizeps beugt den Unterarm.

◀ MUSKELBEWEGUNG

Muskeln ziehen sich zusammen und ziehen dadurch einen Körperteil in eine Richtung. Da Muskeln nicht drücken können, kann nur eine entgegengesetzte Muskelgruppe den Körperteil wieder in seine Ausgangsposition bringen. Die Muskeln, die ein Gelenk beugen, nennt man Beuger, und diejenigen, die ein Gelenk strecken, heißen Strecker.

BLUT UND ATMUNG

Das Kreislaufsystem versorgt die Körperzellen ständig mit Nährstoffen und Sauerstoff. Den Mittelpunkt dieses Systems bildet das Herz. Dieser Hohlmuskel pumpt Blut durch ein riesiges Netzwerk aus Blutgefäßen, die aneinandergereiht 150 000 Kilometer lang wären. In diesem Netzwerk unterscheidet man Arterien, die Blut vom Herzen wegführen, und Venen, die Blut zum Herzen zurückbringen.

Die Schlüsselbeinvene führt Blut aus den Armen.

Die Schlüsselbeinarterie führt Blut in die Arme.

Herz

Die Oberschenkelarterie führt Blut in die Beine.

Die Oberschenkelvene führt Blut aus den Beinen.

Die vordere Schienbeinarterie führt Blut in die Unterschenkel und Füße.

Die große Stammvene führt Blut aus dem Fuß.

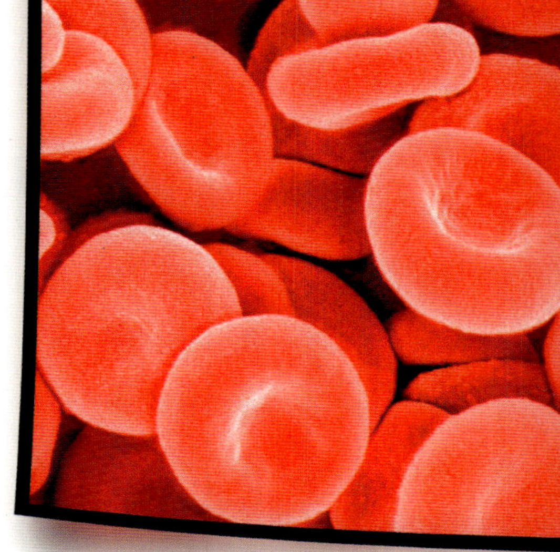

▲ BLUT

Blut ist das Versorgungssystem des Körpers. Es enthält Hormone, Blutkörperchen gegen Entzündungen, Antikörper und viele andere wichtige Stoffe. Blutplasma bringt gelöste Nährstoffe und Minerale zu den Zellen und nimmt Abbauprodukte mit. Rote Blutkörperchen enthalten Hämoglobin, das Sauerstoff zu und Kohlendioxid von den Körperzellen transportiert. Ein rotes Blutkörperchen bindet 1 Mrd. Sauerstoffmoleküle.

◀ HIN UND ZURÜCK

Bei jedem Kreislauf durch den Körper fließt das Blut zweimal durch das Herz. Sauerstoffarmes Blut fließt durch die Venen aus dem Körper zurück zum Herzen, das es in die Lungen pumpt. Dort gibt das Blut Kohlendioxid ab und nimmt Sauerstoff auf. Das nun sauerstoffreiche Blut gelangt zurück ins Herz und wird von dort durch die Arterien in den Körper gepumpt.

▼ ZUSAMMENSETZUNG

Ein Mensch hat ungefähr 5–6 l Blut. Blut besteht aus einer Flüssigkeit, dem Plasma, und drei verschiedenen Arten von Blutzellen. Die roten Blutkörperchen transportieren Sauerstoff, die weißen bekämpfen Krankheitserreger. Kleinere Zellen, die Blutplättchen, verklumpen bei Verletzungen, um die Blutgefäße wieder zu verschließen.

▼ DAS HERZ

Das Herz besitzt vier Kammern – einen rechten und linken Vorhof sowie zwei Herzkammern. Das menschliche Herz schlägt durchschnittlich 70- bis 75-mal pro Minute, pumpt also im ganzen Leben etwa 2,5 Mrd. Mal. Die Muskelwände der Vorhöfe und Kammern ziehen sich zusammen, um Blut durch das Herz und aus dem Herzen zu pumpen.

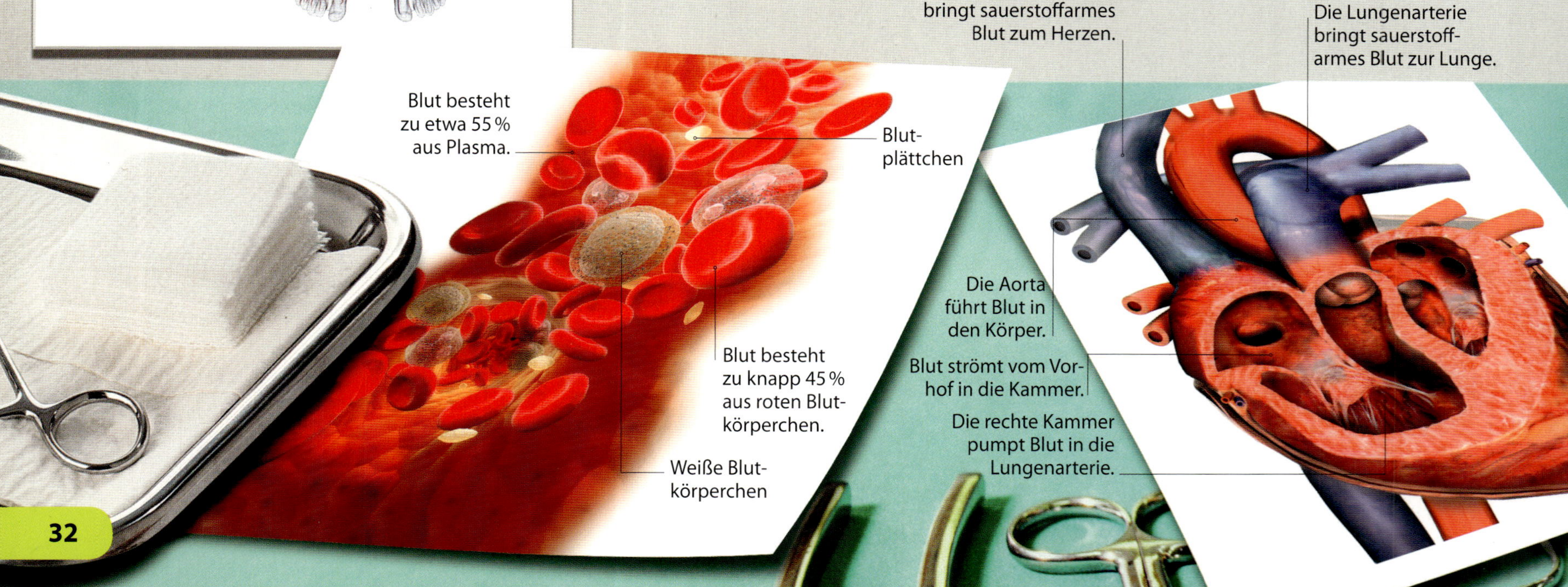
Blut besteht zu etwa 55 % aus Plasma.
Blutplättchen
Blut besteht zu knapp 45 % aus roten Blutkörperchen.
Weiße Blutkörperchen
Die obere Hohlvene bringt sauerstoffarmes Blut zum Herzen.
Die Lungenarterie bringt sauerstoffarmes Blut zur Lunge.
Die Aorta führt Blut in den Körper.
Blut strömt vom Vorhof in die Kammer.
Die rechte Kammer pumpt Blut in die Lungenarterie.

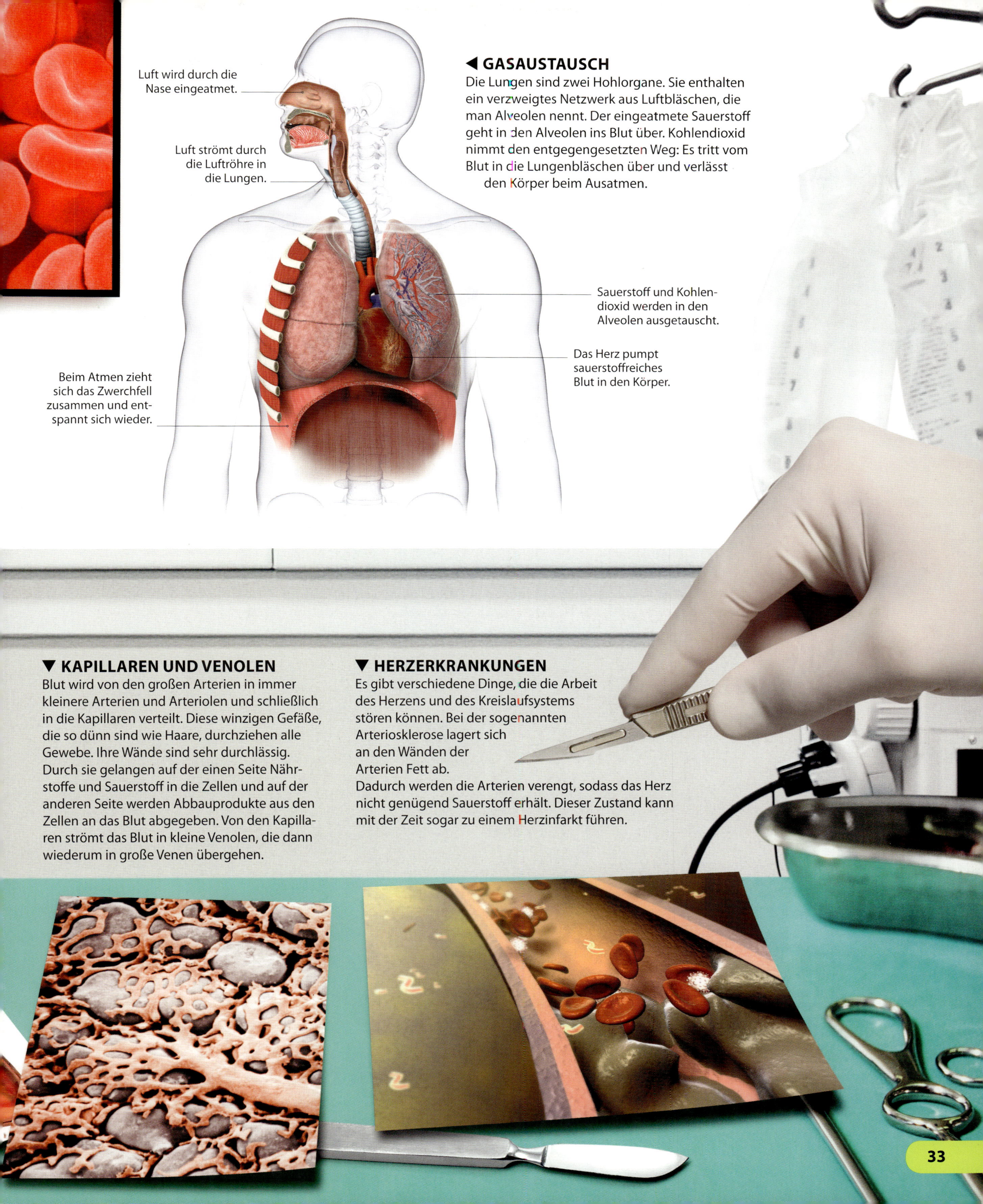
Luft wird durch die
Nase eingeatmet.
Luft strömt durch
die Luftröhre in
die Lungen.
Sauerstoff und Kohlendioxid werden in den
Alveolen ausgetauscht.
Das Herz pumpt
sauerstoffreiches
Blut in den Körper.
Beim Atmen zieht
sich das Zwerchfell
zusammen und entspannt sich wieder.

◀ GASAUSTAUSCH

Die Lungen sind zwei Hohlorgane. Sie enthalten ein verzweigtes Netzwerk aus Luftbläschen, die man Alveolen nennt. Der eingeatmete Sauerstoff geht in den Alveolen ins Blut über. Kohlendioxid nimmt den entgegengesetzten Weg: Es tritt vom Blut in die Lungenbläschen über und verlässt den Körper beim Ausatmen.

▼ KAPILLAREN UND VENOLEN

Blut wird von den großen Arterien in immer kleinere Arterien und Arteriolen und schließlich in die Kapillaren verteilt. Diese winzigen Gefäße, die so dünn sind wie Haare, durchziehen alle Gewebe. Ihre Wände sind sehr durchlässig. Durch sie gelangen auf der einen Seite Nährstoffe und Sauerstoff in die Zellen und auf der anderen Seite werden Abbauprodukte aus den Zellen an das Blut abgegeben. Von den Kapillaren strömt das Blut in kleine Venolen, die dann wiederum in große Venen übergehen.

▼ HERZERKRANKUNGEN

Es gibt verschiedene Dinge, die die Arbeit des Herzens und des Kreislaufsystems stören können. Bei der sogenannten Arteriosklerose lagert sich an den Wänden der Arterien Fett ab. Dadurch werden die Arterien verengt, sodass das Herz nicht genügend Sauerstoff erhält. Dieser Zustand kann mit der Zeit sogar zu einem Herzinfarkt führen.

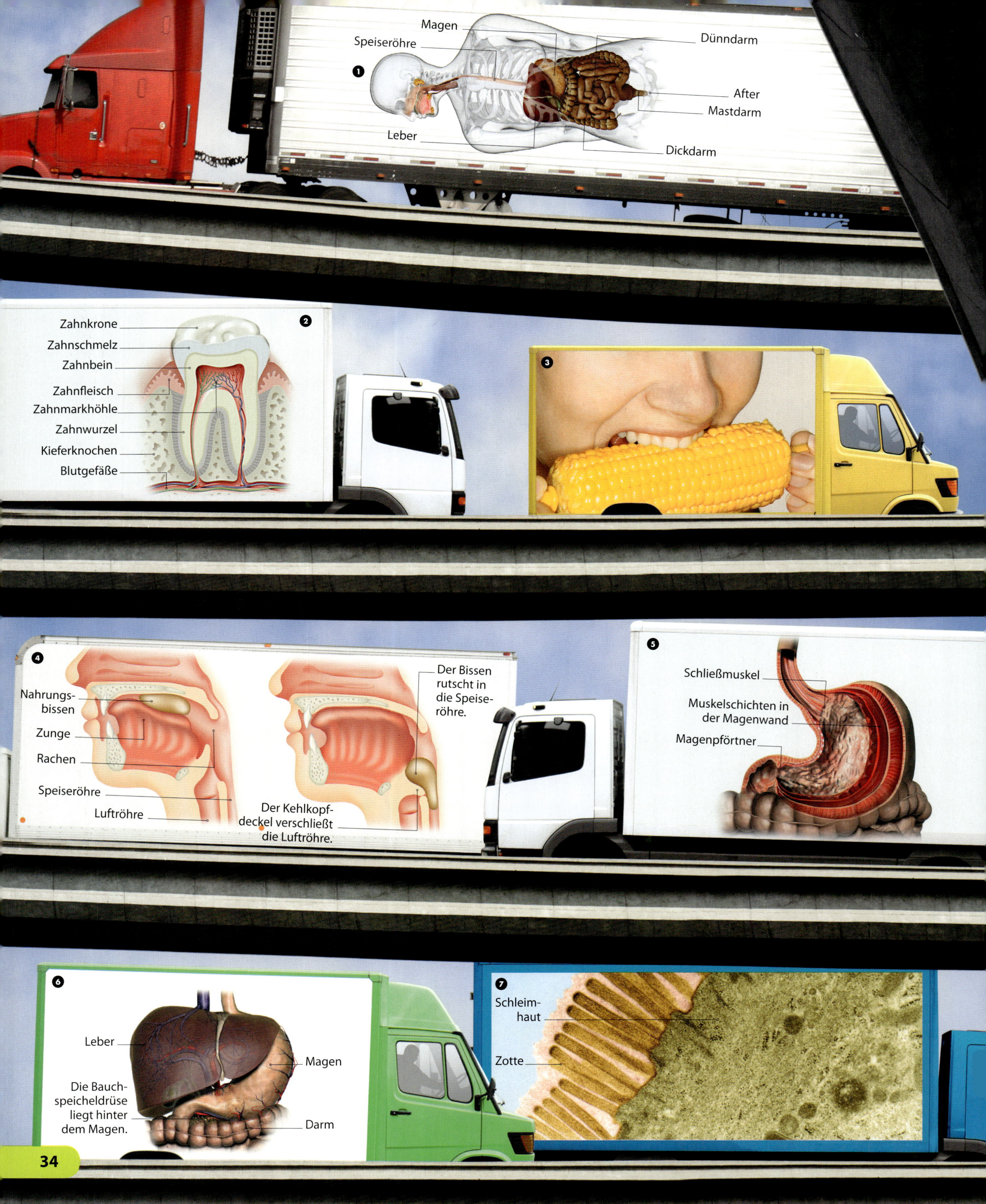
1
Magen
Speiseröhre
Dünndarm
After
Mastdarm
Leber
Dickdarm
2
Zahnkrone
Zahnschmelz
Zahnbein
Zahnfleisch
Zahnmarkhöhle
Zahnwurzel
Kieferknochen
Blutgefäße
3
4
Nahrungs-
bissen
Zunge
Rachen
Speiseröhre
Luftröhre
Der Bissen
rutscht in
die Speise-
röhre.
Der Kehlkopf-
deckel verschließt
die Luftröhre.
5
Schließmuskel
Muskelschichten in
der Magenwand
Magenpförtner
6
Leber
Magen
Die Bauch-
speicheldrüse
liegt hinter
dem Magen.
Darm
7
Schleim-
haut
Zotte

VERDAUUNGSSYSTEM

Die Nährstoffe, die der menschliche Körper braucht, sind in der Nahrung als große Moleküle gebunden. Bei der Verdauung werden diese großen Moleküle in kleinere gespalten, die dann vom Blut und von den Zellen aufgenommen werden können. In den Zellen werden diese Nährstoffe und ihre Energie als Brennstoff für Bewegung sowie für das Wachstum und die Reparatur von Zellen und Geweben genutzt. Die Verdauung beginnt bereits vor dem Essen mit dem Geruch, der die Speicheldrüsen anregt.

❶ VERDAUUNGSSYSTEM

Das Verdauungssystem des Menschen ist etwa 9 m lang und wird auch Verdauungstrakt genannt. Nahrung braucht mindestens 24 Stunden, bis sie in Form von Stuhl die Afteröffnung erreicht. Auf dem langen Weg durch den Verdauungstrakt wird die Nahrung in den verschiedenen Teilen des Verdauungssystems abgebaut, bevor sie ins Blut übergeht.

❷ ABBEISSEN

Ein erwachsener Mensch besitzt 32 Zähne, die von Zahnfleisch umgeben sind und in den Kieferknochen sitzen. Die Krone eines Zahns (der Teil oberhalb des Zahnfleischs) ist mit einer harten Schicht aus Zahnschmelz bedeckt, der das knochenartige Zahnbein schützt. Die Schneidezähne beißen Nahrung ab und die Backenzähne zermahlen die Bissen.

❸ KAUEN

Lippen und Schneidezähne ziehen die Nahrung in den Mund. Dort treiben die Wangenmuskeln die Kiefer zu Kaubewegungen an. Die muskulöse Zunge presst die Nahrung gegen die Zähne. Speichel aus drei Drüsen feuchtet die Nahrung an, während sie zerkaut wird. Speichel enthält auch das Enzym Ptyalin, das die Stärke in der Nahrung schon in kleinere Zuckermoleküle spaltet.

❹ SCHLUCKEN

Nachdem der Bissen zu einem weichen, feuchten Brei zerkaut wurde, wird er von der Zunge in den Rachen im hinteren Bereich des Munds gedrückt und gelangt in die Speiseröhre. Diese muskulöse Röhre zieht sich in einer wellenartigen Folge zusammen und entspannt sich wieder. Durch diese Bewegung, die man Peristaltik nennt, wird der Bissen in etwa 6 Sekunden in den Magen geschoben.

❺ IM MAGEN

Der Magen dehnt sich aus, um den Bissen durch einen ringförmigen Schließmuskel aufzunehmen. Muskelschichten in der Magenwand ziehen sich ungefähr 3-mal pro Minute zusammen, um den Bissen zu walken. Der saure Magensaft enthält Enzyme, die die Moleküle abbauen. Am anderen Magenende verhindert der Magenpförtner zunächst, dass der Bissen in den Darm gelangt.

❻ LEBER UND BAUCHSPEICHELDRÜSE

Der Speisebrei bleibt 2–6 Stunden im Magen. Erst dann öffnet sich der Magenpförtner und drückt den Speisebrei in den Dünndarm. Hier wird der Säuregehalt verringert. Galle aus der Leber baut die Fette ab, damit sie leichter verdaulich werden. Der Bauchspeicheldrüsensaft spaltet die Nahrungsmoleküle in kleinere Einheiten.

❼ DÜNNDARM

Enzyme setzen ihre Arbeit im Dünndarm fort. An seinen Wänden befinden sich unzählige fingerartige Fortsätze, die Zotten, die Nahrung aufnehmen. Eiweiße (Proteine) werden zu Aminosäuren abgebaut, Fette zu Fettsäuren und Kohlenhydrate zu Zuckern. Alle diese Moleküle gelangen durch die Wände des Dünndarms in den Blutstrom.

❽ DICKDARM

Die wässrigen Reste der unverdauten Nahrung und Säfte gelangen vom Dünndarm in den 1,5–1,8 m langen Dickdarm, in dem sie 12–24 Stunden bleiben. Hier werden noch sehr viel Wasser und einige Minerale entzogen. Mehr als 400 verschiedene Bakterienarten wie diese Clostridien, die Kohlenhydrate vergären, spalten weitere Nährstoffe und nehmen sie auf. Das restliche Material, das man Stuhl nennt, wird im Mastdarm gesammelt, bis es durch den Darmausgang, den After, ausgeschieden wird.

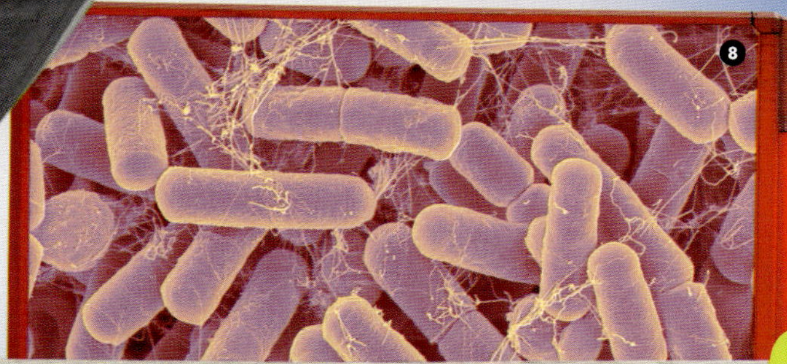

GEHIRN UND SINNE

Wir Menschen erhalten alle Informationen aus der Umwelt über unsere Sinnesorgane. Ihre Signale bombardieren das Gehirn ständig aus allen Richtungen. Das Gehirn überwacht und steuert die unbewussten Körperfunktionen wie Atmung und Verdauung, aber auch bewusste Vorgänge wie das Denken und alle Bewegungen. Es empfängt Informationen und sendet Anweisungen über elektrische Signale, die durch das Nervensystem geleitet werden.

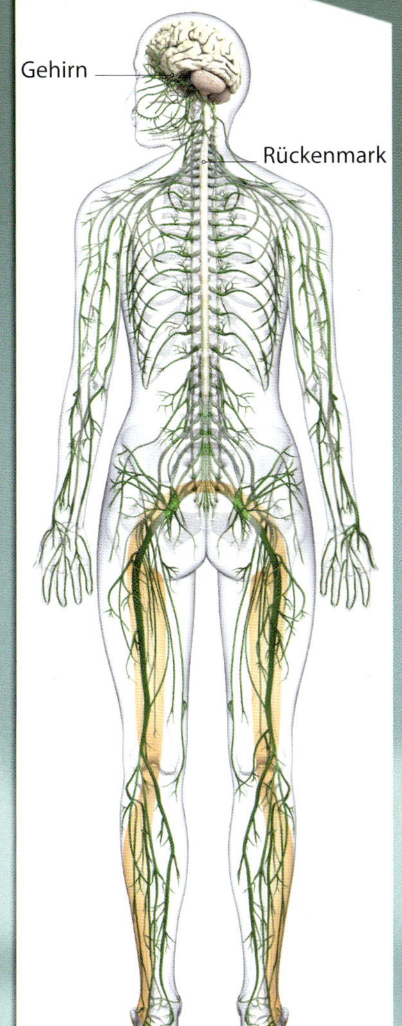

▼ DAS GEHIRN

Das Gehirn ist die Steuerzentrale des Körpers. Es wiegt ungefähr 1,5 kg und verbraucht mehr als 20 % der Körperenergie, während es die Meldungen der Sinnesorgane empfängt. Außerdem trifft das Gehirn Entscheidungen und sendet Anweisungen an den Körper. Es besteht aus etwa 100 Mrd. Gehirnzellen, den sogenannten Neuronen, die zusammen ein leistungsfähiges Netzwerk bilden.

▶ DAS NERVENSYSTEM

Das zentrale Nervensystem (ZNS) setzt sich aus dem Gehirn und dem Rückenmark zusammen. Von ihnen zweigen Millionen von Nervenzellen (Neuronen) ab, die das äußere oder „periphere" Nervensystem bilden, das sich durch den Körper erstreckt. Sinnesneuronen leiten Informationen zum zentralen Nervensystem hin, während Bewegungsneuronen Befehle vom zentralen Nervensystem an die Muskeln weiterleiten.

TASTEN ▼

Der Tastsinn liefert Informationen über die unmittelbare Umgebung des Körpers. Verschiedene Sinneszellen in der Haut reagieren auf leichte Berührungen, Druck, Schwingungen, Temperatur und Schmerz. Die Sinneszellen sind nicht gleichmäßig über den Körper verteilt. Bestimmte Bereiche wie Lippen und Fingerspitzen sind empfindlicher, weil sie mehr Sinneszellen enthalten.

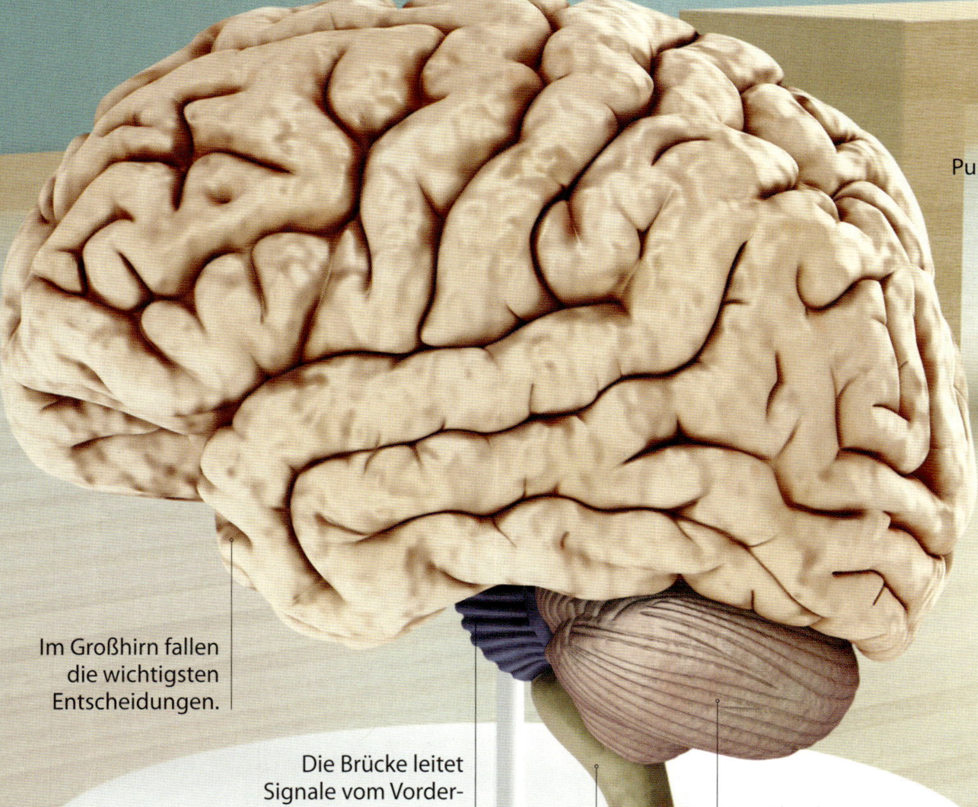

Im Großhirn fallen die wichtigsten Entscheidungen.
Die Brücke leitet Signale vom Vorderhirn zum Kleinhirn.
Rückenmark
Das Kleinhirn koordiniert Muskelbewegungen und Gleichgewicht.

▲ SEHEN

Die Augäpfel sind durch knöcherne Sockel geschützt. Tränengänge halten die Augäpfel immer feucht. Licht fällt durch die klare Hornhaut und eine Öffnung, die Pupille, in das Auge. Eine Linse bündelt das Licht auf der Netzhaut im Augenhintergrund. Die Netzhaut enthält Millionen Lichtsinneszellen. Ein Teil davon, die Stäbchen, sind zuständig für die Wahrnehmung von Hell und Dunkel, die anderen, Zapfen genannt, für die Wahrnehmung von Farben.

Der obere gerade Augenmuskel dreht das Auge nach oben.

Tränendrüse

Pupille

Die Regenbogenhaut ist farbig.

Der seitliche Muskel dreht das Auge zur Seite.

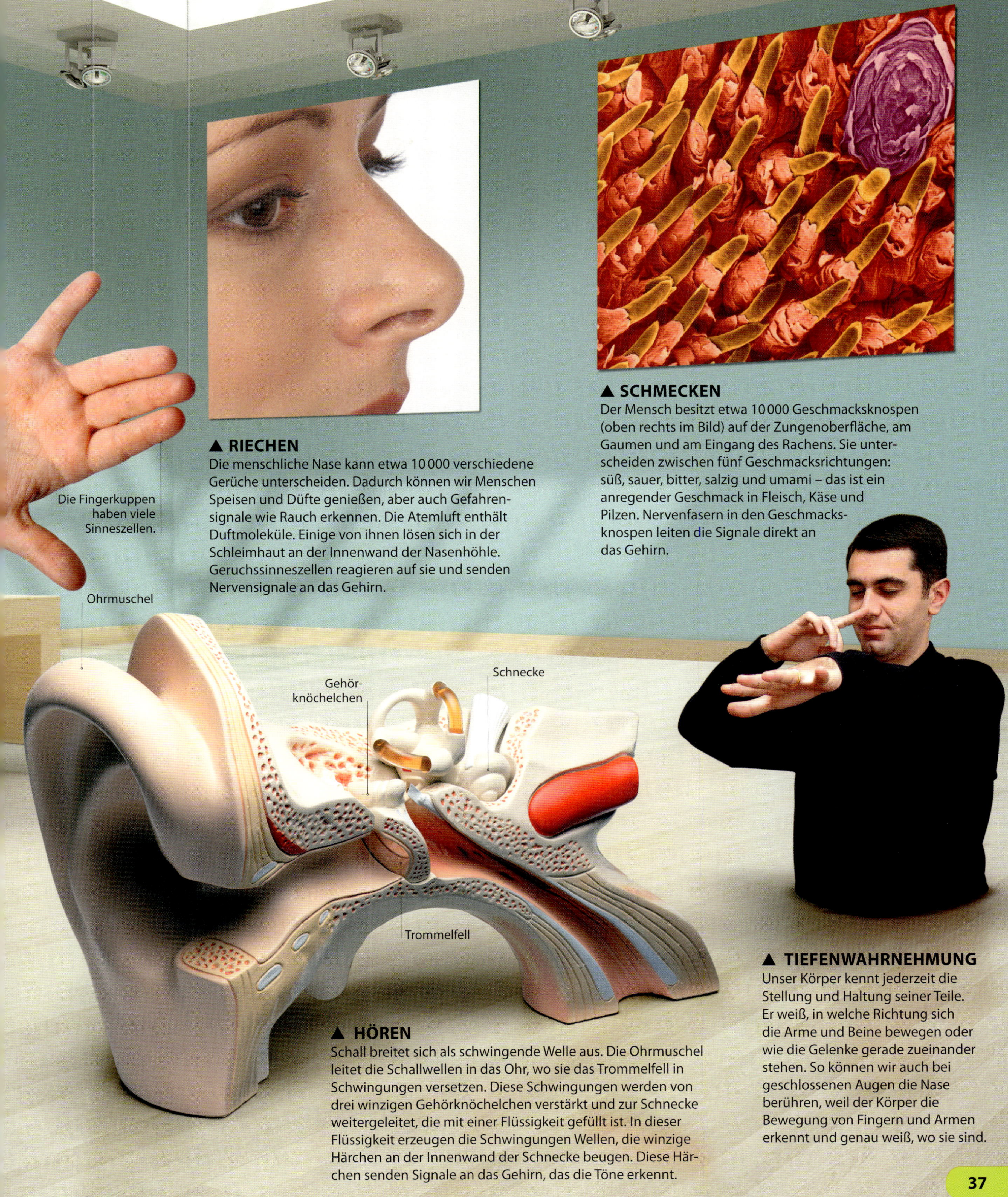

▲ RIECHEN

Die menschliche Nase kann etwa 10 000 verschiedene Gerüche unterscheiden. Dadurch können wir Menschen Speisen und Düfte genießen, aber auch Gefahrensignale wie Rauch erkennen. Die Atemluft enthält Duftmoleküle. Einige von ihnen lösen sich in der Schleimhaut an der Innenwand der Nasenhöhle. Geruchssinneszellen reagieren auf sie und senden Nervensignale an das Gehirn.

▲ SCHMECKEN

Der Mensch besitzt etwa 10 000 Geschmacksknospen (oben rechts im Bild) auf der Zungenoberfläche, am Gaumen und am Eingang des Rachens. Sie unterscheiden zwischen fünf Geschmacksrichtungen: süß, sauer, bitter, salzig und umami – das ist ein anregender Geschmack in Fleisch, Käse und Pilzen. Nervenfasern in den Geschmacksknospen leiten die Signale direkt an das Gehirn.

▲ HÖREN

Schall breitet sich als schwingende Welle aus. Die Ohrmuschel leitet die Schallwellen in das Ohr, wo sie das Trommelfell in Schwingungen versetzen. Diese Schwingungen werden von drei winzigen Gehörknöchelchen verstärkt und zur Schnecke weitergeleitet, die mit einer Flüssigkeit gefüllt ist. In dieser Flüssigkeit erzeugen die Schwingungen Wellen, die winzige Härchen an der Innenwand der Schnecke beugen. Diese Härchen senden Signale an das Gehirn, das die Töne erkennt.

▲ TIEFENWAHRNEHMUNG

Unser Körper kennt jederzeit die Stellung und Haltung seiner Teile. Er weiß, in welche Richtung sich die Arme und Beine bewegen oder wie die Gelenke gerade zueinander stehen. So können wir auch bei geschlossenen Augen die Nase berühren, weil der Körper die Bewegung von Fingern und Armen erkennt und genau weiß, wo sie sind.

KÖRPERHEILUNG

Der menschliche Körper kann sich erstaunlich gut selbst heilen, sich erholen und bestimmte Teile nachwachsen lassen. Während des ganzen Lebens sorgen Prozesse im Körper dafür, dass wichtige Teile erhalten bleiben. Auch Erwachsene haben Stammzellen im Körper, die noch nicht spezialisiert sind, sodass sie der Körper bei Bedarf in Blut-, Knochen- oder Nervenzellen umwandeln kann. Und selbst wenn die Möglichkeiten des Körpers erschöpft sind, kann oft die Medizin noch helfen.

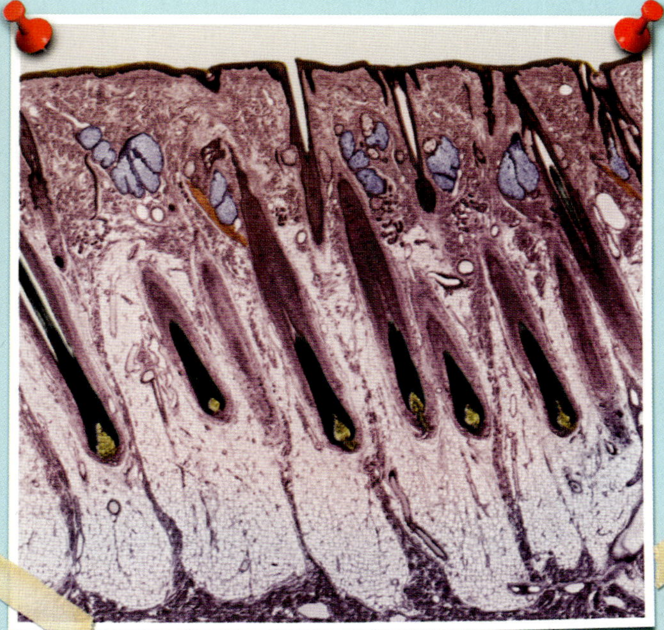

▲ STÄNDIGE ERNEUERUNG
Manche Zellen im menschlichen Körper werden laufend erneuert. Rote Blutkörperchen werden jeweils nach rund vier Monaten ersetzt, während menschliche Leberzellen erst nach 300–500 Tagen ausgetauscht werden. Hautzellen (oben) fallen ständig als Schuppen ab und werden dann durch Zellen aus der untersten Hautschicht ersetzt. Diese teilen sich zu neuen Zellen, wandern an die Oberfläche, sterben ab und bilden eine schützende Barriere.

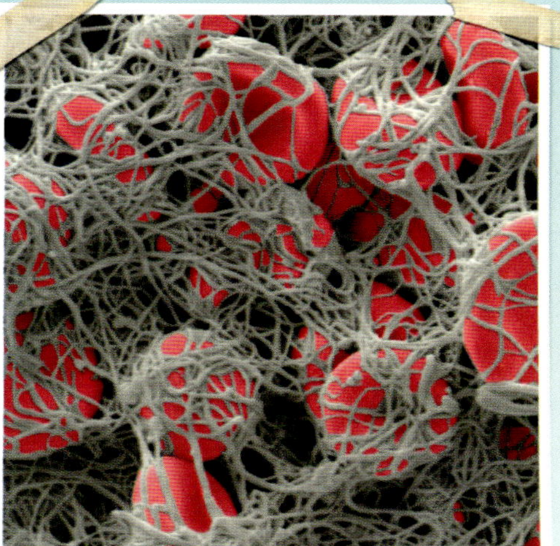

◀ WUNDHEILUNG
Bei einer Hautverletzung verklumpen rote Blutkörperchen mit dem Eiweiß Fibrin (graue Fasern im Bild) zu einem Netz und bilden ein Gerinnsel. Durch Wunden gelangen oft gefährliche Stoffe in den Körper. Ein Teil der weißen Blutkörperchen produziert Antikörper gegen die Eindringlinge, andere weiße Blutkörperchen verschlingen Bakterien und machen sie so unschädlich. Blutkapillaren wachsen in die Wunde, sodass in und um die Wunde mit der Zeit neues Gewebe entsteht.

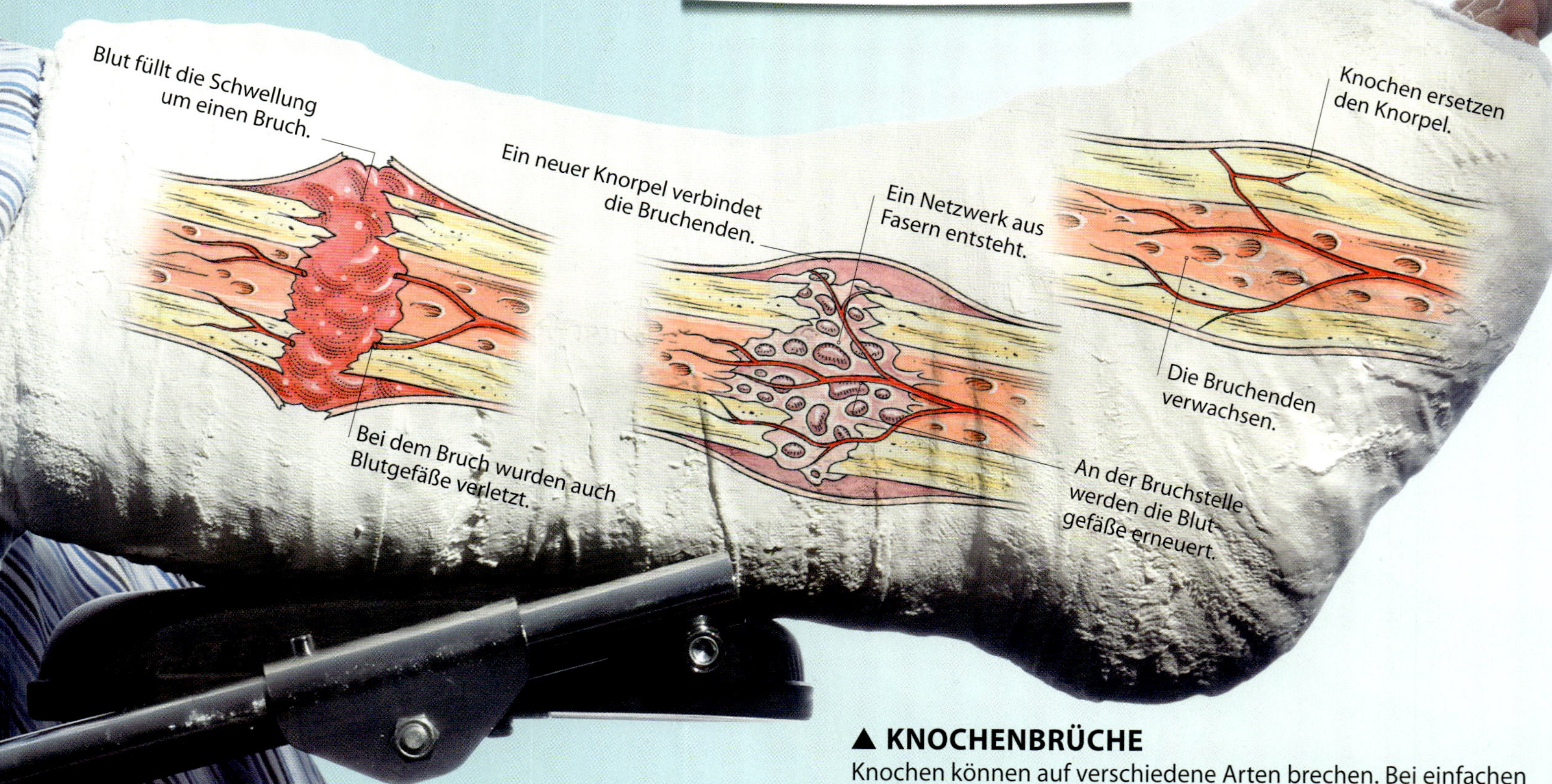
Blut füllt die Schwellung um einen Bruch.
Bei dem Bruch wurden auch Blutgefäße verletzt.
Ein neuer Knorpel verbindet die Bruchenden.
Ein Netzwerk aus Fasern entsteht.
An der Bruchstelle werden die Blutgefäße erneuert.
Knochen ersetzen den Knorpel.
Die Bruchenden verwachsen.

▲ KNOCHENBRÜCHE
Knochen können auf verschiedene Arten brechen. Bei einfachen oder inneren Brüchen bleibt die Haut unverletzt, während sie bei offenen Brüchen verletzt wird und häufig auch ein Knochen frei liegt. Arme oder Beine werden zur Behandlung in eine Schiene oder einen Gipsverband gelegt, damit sich die Knochenenden nicht verschieben. Einfache Brüche heilen in 5–8 Wochen, wenn die Knochen ruhig gehalten und nicht belastet werden.

▼▶ KÜNSTLICHE GELENKE

Nach einer Verletzung oder Erkrankung sind Kugelgelenke wie das Hüft-, Knie- oder Fußgelenk manchmal nicht mehr so beweglich wie vorher. Auch der Knorpelüberzug, der dafür sorgt, dass die beiden Knochen im Gelenk nicht so stark aneinanderreiben, kann abnutzen. Dann schwillt das Gelenk an und schmerzt und es lässt sich nicht mehr so gut bewegen. In solchen Fällen wird das natürliche Gelenk durch ein künstliches ersetzt.

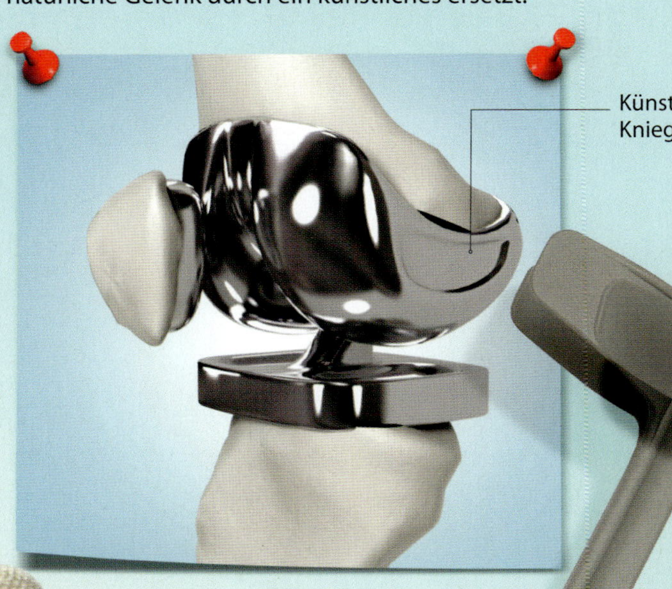

Künstliches Kniegelenk

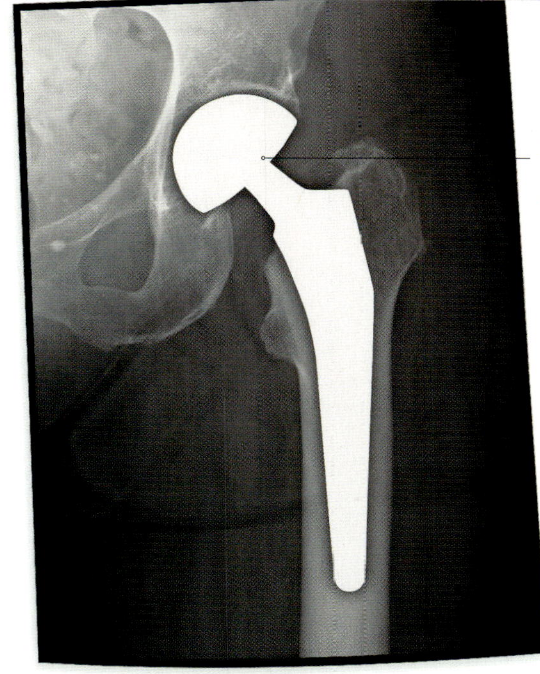

Der Kopf des künstlichen Hüftgelenks passt genau in die Gelenkpfanne.

PROTHESEN ▼

Einen künstlichen Ersatz für verletzte, erkrankte oder fehlende Körperteile nennt man Prothese. Moderne Prothesen für Arme und Beine halten viel mehr aus als früher und sind sehr beweglich. Der südafrikanische Läufer Oscar Pistorius trägt Beinprothesen aus Kohlefasern, die sich beim Laufen sogar durchbiegen.

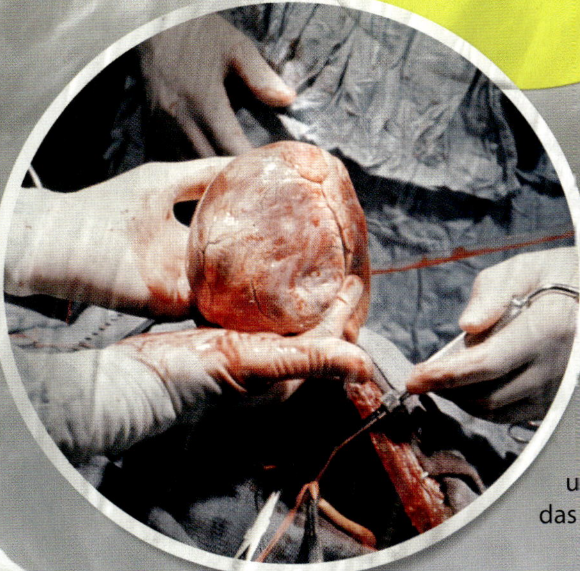

◀ TRANSPLANTATION

Lebendes Gewebe und Organe kann man einer Person (Spender) entnehmen und einer anderen einpflanzen. Diesen Vorgang nennt man Transplantation. Viele Organe, z. B. Herzen, stammen von Spendern, die plötzlich sterben. Andere, z. B. einzelne Nieren, können auch lebende Menschen spenden. Danach wird die natürliche Körperabwehr durch Medikamente unterdrückt, damit der Körper das neue Organ nicht abstößt.

GENETIK

Die Genetik ist die Lehre von den Genen, also von den Anweisungen, die Wachstum, Entwicklung und Gesundheit der Lebewesen steuern. Gene werden bei der Fortpflanzung von den Eltern an ihre Kinder vererbt. Jede Zelle des Menschen hat im Zellkern über 20 000 Gene. Daraus ergeben sich so vielfältige Kombinationsmöglichkeiten, dass außer eineiigen Zwillingen jeder Mensch leicht unterschiedliche Gene und damit einzigartige, unverwechselbare Merkmale besitzt.

▶ DNA
Gene sind Abschnitte auf langen Strängen aus Desoxyribonukleinsäure (DNA). Je zwei DNA-Stränge winden sich wie eine Wendeltreppe zu einer Doppelhelix. Sie werden über chemische Bindungen der Basen zusammengehalten, die sich paarweise gegenüberliegen. Diese Basenpaare bilden den genetischen Code. Die DNA wird bei der Zellteilung kopiert, sodass die neue Zelle eine genaue Kopie der DNA erhält.

Kurz vor der Zellteilung bilden die Chromosomen diese vierarmige Form.

▲ CHROMOSOMEN
Die DNA ist in den Zellen in 23 Chromosomenpaaren angeordnet. 22 dieser Paare sind bei Männern und Frauen gleich, aber das 23. Paar besteht aus den Geschlechtschromosomen. Frauen tragen zwei X-Chromosomen (XX), Männer dagegen ein X- und ein Y-Chromosom (XY). Die Geschlechtszellen (die Samenzelle des Mannes und die Eizelle der Frau) enthalten jeweils eines dieser Chromosomen. Wenn die Samenzelle bei der Zeugung eines Kindes ein Y-Chromosom enthält, entwickelt sich ein Junge.

▲ VERERBUNG
Drei Generationen einer Familie besitzen viele ähnliche Merkmale, weil Eltern und Kinder zu 99,95 % dieselbe DNA in sich tragen. Ein Kind erbt eine Hälfte seiner Chromosomen vom Vater und die andere von der Mutter. Gelegentlich stimmen die Gene nicht überein – z. B. für die Haarfarbe. In diesen Fällen setzt sich ein Gen durch und prägt sich beim Kind aus.

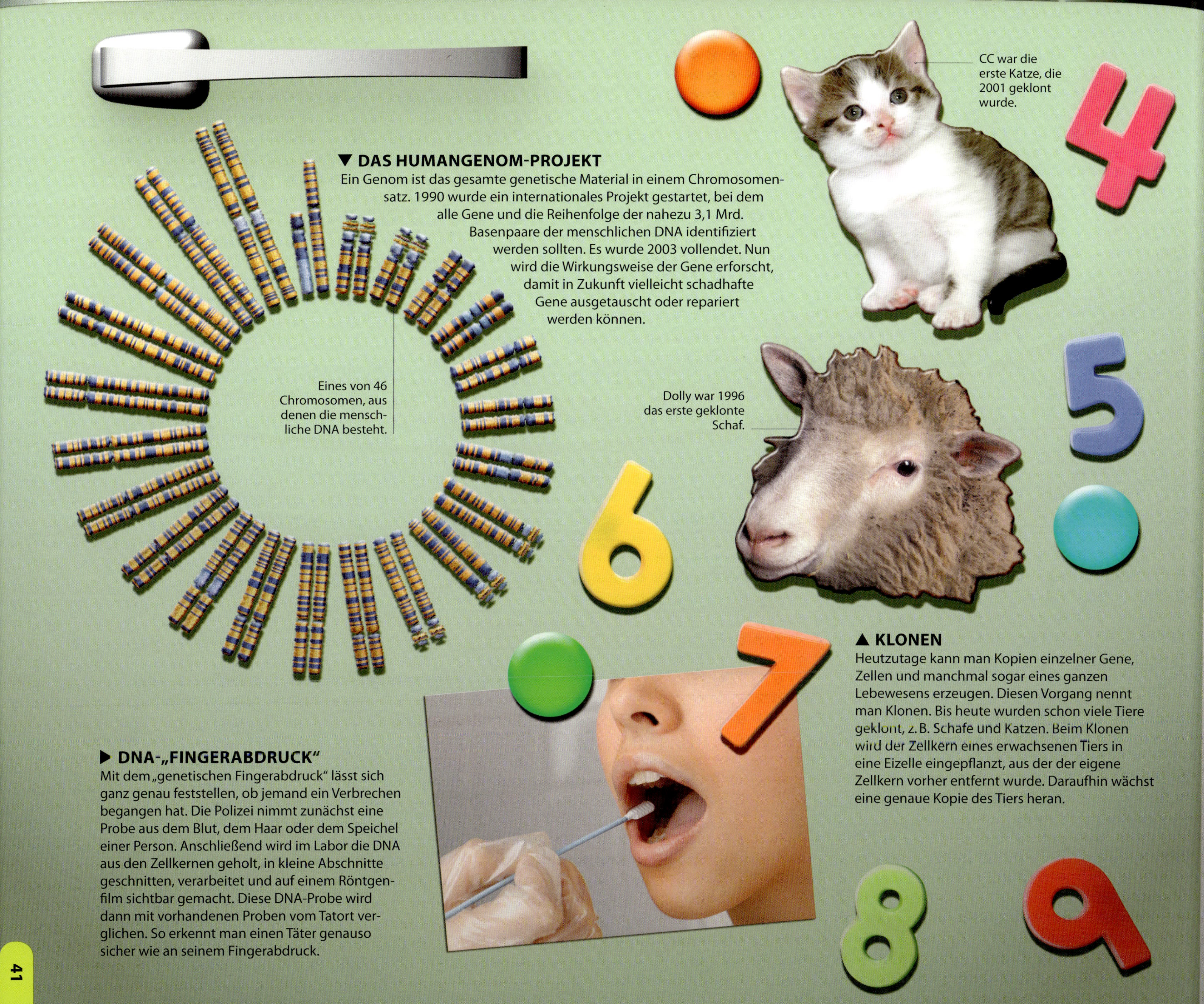

▼ DAS HUMANGENOM-PROJEKT

Ein Genom ist das gesamte genetische Material in einem Chromosomensatz. 1990 wurde ein internationales Projekt gestartet, bei dem alle Gene und die Reihenfolge der nahezu 3,1 Mrd. Basenpaare der menschlichen DNA identifiziert werden sollten. Es wurde 2003 vollendet. Nun wird die Wirkungsweise der Gene erforscht, damit in Zukunft vielleicht schadhafte Gene ausgetauscht oder repariert werden können.

Eines von 46 Chromosomen, aus denen die menschliche DNA besteht.

CC war die erste Katze, die 2001 geklont wurde.

Dolly war 1996 das erste geklonte Schaf.

▲ KLONEN

Heutzutage kann man Kopien einzelner Gene, Zellen und manchmal sogar eines ganzen Lebewesens erzeugen. Diesen Vorgang nennt man Klonen. Bis heute wurden schon viele Tiere geklont, z. B. Schafe und Katzen. Beim Klonen wird der Zellkern eines erwachsenen Tiers in eine Eizelle eingepflanzt, aus der der eigene Zellkern vorher entfernt wurde. Daraufhin wächst eine genaue Kopie des Tiers heran.

▶ DNA-„FINGERABDRUCK"

Mit dem „genetischen Fingerabdruck" lässt sich ganz genau feststellen, ob jemand ein Verbrechen begangen hat. Die Polizei nimmt zunächst eine Probe aus dem Blut, dem Haar oder dem Speichel einer Person. Anschließend wird im Labor die DNA aus den Zellkernen geholt, in kleine Abschnitte geschnitten, verarbeitet und auf einem Röntgenfilm sichtbar gemacht. Diese DNA-Probe wird dann mit vorhandenen Proben vom Tatort verglichen. So erkennt man einen Täter genauso sicher wie an seinem Fingerabdruck.

FELSNADELN
Diese Felsformationen aus Sedimentgestein im Bryce Canyon Nationalpark im Bundesstaat Utah (USA) heißen Hoodoos. Sie entstanden in vielen Millionen Jahren vorwiegend durch Winderosion.

Die Erde

DER URSPRUNG DER ERDE

Die Erde ist ungefähr 4,6 Milliarden Jahre alt. Sie hat die Form einer leicht abgeflachten Kugel mit einem Durchmesser von 12 756 Kilometern am Äquator – das ist der Kreis um die Mitte der Erde, der von Nordpol und Südpol gleich weit entfernt ist. Alle 23 Stunden und 56 Minuten dreht sich unser Heimatplanet einmal um seine Achse. Die Erde ist der einzige bekannte Planet im Universum, auf dem es Leben gibt.

▼ ENTSTEHUNG DER ERDE

Vor etwa 5 Mrd. Jahren entstand unsere Sonne. Sie zog Gas und Staub in ihre Mitte, wurde immer heißer und stieß dabei wirbelnde Gas- und Staubmassen aus. Dieses Material lagerte sich im Lauf vieler Millionen Jahre zusammen, erwärmte sich und bildete schließlich beim Abkühlen die Himmelskörper unseres Sonnensystems – einschließlich der Erde.

❶ **Staub und Gestein** Staubkörner und kleine Felsstücke, die um die Sonne kreisten, zogen einander durch ihre Schwerkraft an. Durch die Wärme, die bei den Zusammenstößen entstand, verschmolzen sie zu größeren Brocken.

❷ **Feuerkugel** Auf die junge Erde schlugen Gesteinstrümmer ein und erzeugten eine enorme Wärme. Zusammen mit radioaktiven Prozessen schmolz dadurch der Planet, sodass seine unterschiedlichen Schichten entstanden.

❸ **Abkühlung der Kruste** Schweres, eisenreiches Material sank zum Zentrum der Erde und bildete ihren Kern. Leichteres Material kühlte ab und bildete den Mantel sowie die äußere Kruste des Planeten.

❹ **Meere und Ozeane** Durch die Abkühlung kondensierte Wasserdampf in der jungen Erdatmosphäre. So bildeten sich auf der Erdoberfläche die ersten Meere.

❺ **Bewegliches Land** Die Kontinentalkruste entstand zuerst als eine einzige, riesige Landmasse, die Pangäa genannt wird. Vor ungefähr 200 Mio. Jahren bildeten sich die einzelnen Kontinente, die auch heute noch existieren.

❻ **Die Erde heute** Die moderne Erde besitzt eine sauerstoffreiche Atmosphäre und bietet günstige Bedingungen, die äußerst vielfältige Lebensformen unterstützen.

▼ AUFBAU DER ERDE

Die Erde besteht aus drei Hauptschichten – dem Kern, dem Mantel und der Gesteinskruste. Der Kern teilt sich in einen festen inneren Kern aus Eisen und Nickel und einen geschmolzenen äußeren Kern. Im inneren Kern herrschen Temperaturen von über 6600 °C. Der Mantel umgibt den Kern und besteht vorwiegend aus schwerem dunklem Gestein, dem Peridotit. Die Kruste isoliert den größten Teil der Erdoberfläche von den sehr hohen Temperaturen im Kern und Mantel.

Der innere Kern hat einen Durchmesser von 1300 km.

Der äußere Kern ist etwa 2200 km dick.

Der Mantel reicht 2900 km in die Erde hinein.

Die ozeanische Kruste ist bis zu 5 km tief.

▲ LEBEN AUF DER ERDE

Bis heute weiß niemand genau, wann das Leben auf der Erde begann. Vermutlich entstand das erste Leben, nachdem der Planet so weit abgekühlt war, dass sich größere Gewässer bildeten. Die ältesten Fossilien sind einzellige Mikroorganismen, die schätzungsweise 3,5 Mrd. Jahre alt sind. Diese Zyanobakterien gehören zu den Blaualgen, die vermutlich zu den frühesten Lebensformen zählen.

▼ BLASEN AUS DER TIEFE

In einigen Gebieten dringt Wasser tief in die Erdkruste ein und wird durch Kontakt mit heißen Gesteinen erhitzt. Das meiste Wasser bleibt in den unterirdischen, geothermalen Speichern. Doch ein geringer Teil kommt an die Oberfläche und bildet heiße Quellen und Fontänen aus heißem Wasser und Dampf, die Geysire. Japanische Schneeaffen, die Makaken, baden im Winter gern in den heißen Quellen, um sich aufzuwärmen.

Troposphäre

Stratosphäre

Exosphäre

◀ ATMOSPHÄRE

Die Erdatmosphäre bildet eine Gashülle um den Planeten. Ihre äußere Schicht, die Exosphäre, bildet den Übergang zum Weltraum. Ihre unterste Schicht, die Troposphäre, erstreckt sich von der Meereshöhe bis hinauf in eine Höhe von ungefähr 15 km. In ihr bilden sich die Kreisläufe von Wind und Feuchtigkeit, die den größten Teil des Wetters erzeugen. Darüber, in etwa 50–60 km Höhe, liegt die trockenere Stratosphäre.

PLATTEN UND VERWERFUNGEN

Die Erdkruste besteht nicht aus einem Stück, sondern aus mehreren riesigen Platten. Diese Kontinentalplatten liegen auf der Oberfläche des Erdmantels. Wärme, die durch Radioaktivität im Erdinneren entsteht, erzeugt Konvektionsströme im Erdmantel. Die Platten gleiten auf diesen Strömen und bewegen sich dabei pro Jahr um 1–20 Zentimeter vorwärts. Dabei stoßen oder reiben sie aneinander, erzeugen vulkanische Aktivitäten und Erdbeben und schaffen auch neue Landformen.

▼ KONTINENTALVERSCHIEBUNG

In der Vergangenheit befanden sich die Kontinente an ganz anderen Orten. Vor ungefähr 250 Mio. Jahren bildeten sie zusammen noch den Superkontinent Pangäa, doch dann entfernten sich die einzelnen Platten der Kruste immer weiter voneinander. Diesen Vorgang nennt man Kontinentalverschiebung. Nordamerika wurde z. B. von Europa getrennt, als vor etwa 150 Mio. Jahren der Atlantik entstand.

Vor 170 Mio. Jahren entfernten sich Südamerika und Afrika langsam voneinander.

Der Atlantik wird heute pro Jahr um etwa 2,5 cm breiter.

Lava steigt aus dem Vulkan Krafla (Island) auf, der auf dem Mittelatlantischen Rücken liegt.

▶ AUSBREITUNG DER MEERE

In riesigen Spalten in der Mitte der Ozeane, den sogenannten mittelozeanischen Rücken, entsteht neuer Meeresboden. Während sich die Platten voneinander entfernen, nimmt der Druck unterhalb des Meeresbodens ab, sodass geschmolzenes Gestein (Magma) aus dem tiefen Mantel zur Oberfläche aufsteigt. Dabei entstehen riesige Gebirgs- und Vulkanzüge auf dem Meeresboden, von denen einige sogar als Inseln aus dem Meer herausragen.

Subduktion

Transformstörung

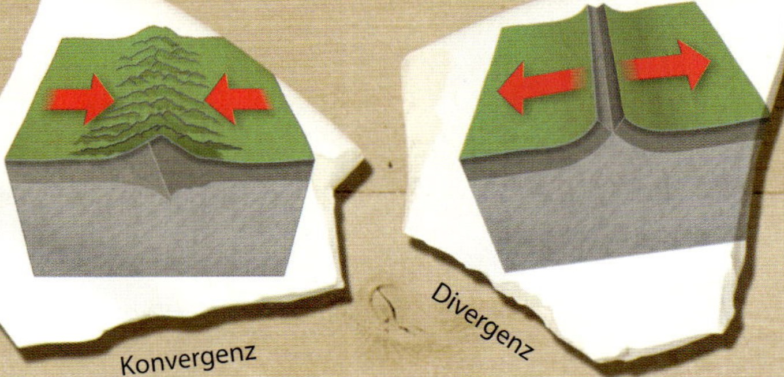

Konvergenz

Divergenz

◀ PLATTENGRENZEN

An den Plattengrenzen stoßen zwei oder mehr Platten aufeinander. In Divergenzzonen treiben die Platten auseinander, in Subduktionszonen schiebt sich eine Meeresplatte unter eine Kontinentalplatte. Bei Transformstörungen gleiten die Platten seitlich aneinander vorbei. In Konvergenzzonen prallen zwei Kontinentalplatten aufeinander. Dabei wird das Gestein aufgefaltet und bildet Gebirgszüge. Das Himalajagebirge wird z. B. durch den Zusammenstoß der Eurasischen mit der Indoaustralischen Platte aufgeworfen.

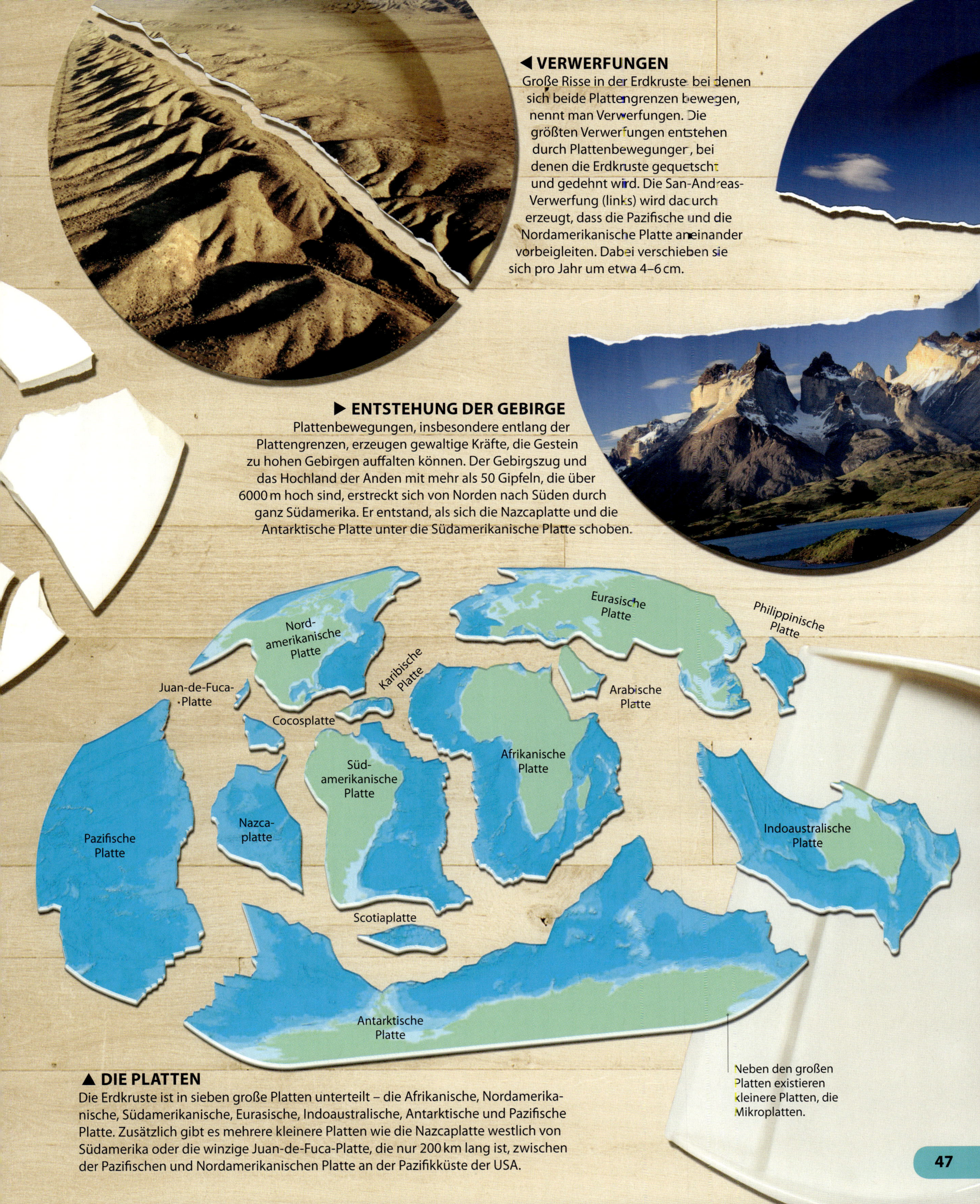

◀ VERWERFUNGEN

Große Risse in der Erdkruste, bei denen sich beide Plattengrenzen bewegen, nennt man Verwerfungen. Die größten Verwerfungen entstehen durch Plattenbewegungen, bei denen die Erdkruste gequetscht und gedehnt wird. Die San-Andreas-Verwerfung (links) wird dadurch erzeugt, dass die Pazifische und die Nordamerikanische Platte aneinander vorbeigleiten. Dabei verschieben sie sich pro Jahr um etwa 4–6 cm.

▶ ENTSTEHUNG DER GEBIRGE

Plattenbewegungen, insbesondere entlang der Plattengrenzen, erzeugen gewaltige Kräfte, die Gestein zu hohen Gebirgen auffalten können. Der Gebirgszug und das Hochland der Anden mit mehr als 50 Gipfeln, die über 6000 m hoch sind, erstreckt sich von Norden nach Süden durch ganz Südamerika. Er entstand, als sich die Nazcaplatte und die Antarktische Platte unter die Südamerikanische Platte schoben.

Neben den großen Platten existieren kleinere Platten, die Mikroplatten.

▲ DIE PLATTEN

Die Erdkruste ist in sieben große Platten unterteilt – die Afrikanische, Nordamerikanische, Südamerikanische, Eurasische, Indoaustralische, Antarktische und Pazifische Platte. Zusätzlich gibt es mehrere kleinere Platten wie die Nazcaplatte westlich von Südamerika oder die winzige Juan-de-Fuca-Platte, die nur 200 km lang ist, zwischen der Pazifischen und Nordamerikanischen Platte an der Pazifikküste der USA.

ERDBEBEN UND VULKANE

Erdbeben und Vulkanausbrüche ereignen sich meist an Orten, an denen die Erdkruste unter enormer Spannung steht, also dort, wo die Kontinentalplatten aneinanderreiben, auseinandertreiben oder sich übereinanderschieben. Erdbeben entstehen gewöhnlich an Verwerfungen, an denen die Plattenbewegungen große Energien aufbauen. Wenn diese Energien plötzlich freigesetzt werden, breiten sie sich in Stoßwellen bis an die Oberfläche aus.

Erdbebenherd

Epizentrum

◀ ERDBEBEN

Ein Erdbeben entsteht an einem Ort unter der Erde, dem sogenannten Hypozentrum oder Erdbebenherd. Die freigesetzte Energie breitet sich in Form von seismischen Wellen aus, die mit zunehmendem Abstand schwächer werden. Dabei zerstört ihre Energie das Gestein, durch das sie sich ausbreiten. Einem Erdbeben folgen häufig mehrere Nachbeben.

▶ EPIZENTRUM

Der Ort an der Oberfläche, der direkt über dem Erdbebenherd liegt, ist das Epizentrum. Dort wirken die stärksten Kräfte des Bebens. Schwere Erdbeben richten oft große Zerstörungen an. Das Erdbeben in Haiti im Jahr 2010 kostete mehr als 220 000 Menschen das Leben.

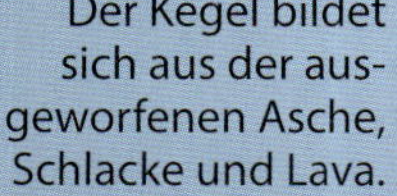

Der Kegel bildet sich aus der ausgeworfenen Asche, Schlacke und Lava.

◀ VULKANISCHE AKTIVITÄT

Unter der Oberfläche lagert geschmolzenes Gestein, das Magma, in den sogenannten Magmakammern. Da Magma nicht so dicht ist wie festes Gestein, steigt es durch brüchige Stellen in der Kruste auf, wenn der Druck immer höher wird, und es kommt zu einem Vulkanausbruch. Manchmal fließt das Magma dabei einfach ab, es kann aber auch explosionsartig herausgeschleudert werden.

Magmakammer

◀ LAVA

Lava nennt man Magma, das die Oberfläche erreicht hat. Wenn die Lava abkühlt, erstarrt sie zu Gesteinen wie Basalt, Andesit oder Rhyolit. Lava kann dünnflüssig oder dickund zähflüssig sein. Dieser Strom aus heißer Lava vom Ätna ist relativ dünnflüssig, sodass er weit fließt und Gase daraus entweichen. Dünnflüssige Lava bildet häufig Schildvulkane mit sanften Abhängen.

▶ TSUNAMI

Unterseeische Erdbeben und Vulkanausbrüche erzeugen oft gewaltige Wellen, die sogenannten Tsunamis. Die Tsunamis nach dem Sumatra-Andaman-Erdbeben im Jahr 2004 verwüsteten weite Teile der Küsten von Indonesien, Thailand, Sri Lanka und Indien. Einige von dem Erdbeben ausgelöste Wellen erreichten sogar noch den Ort Struisbaai (Südafrika), der 8500 km vom Epizentrum entfernt liegt.

Tsunamis richten oft großen Schaden an, wenn sie die Küste erreichen.

▶ LAVABOMBE

Lavabomben sind Brocken aus Lava, die bei einem Vulkanausbruch herausgeschleudert werden. Manche sind nur so groß wie ein Golfball, andere haben dagegen einen Durchmesser von mehr als 5 m. Bei dem Ausbruch des Mount Spurr in Alaska (USA) im Jahr 1992 wurden 1 m große Lavabomben bis zu 3 km weit aus dem Vulkankrater katapultiert.

EXPLOSIVER AUSBRUCH ▼

Aus dick- und zähflüssiger Magma können kaum Gase entweichen, sodass sich ein innerer Druck aufbauen kann. Zusätzlich ist manchmal der Vulkanschlot durch früher ausgestoßene Lava verschlossen. Unter solchen Bedingungen sind Ausbrüche häufig explosiv und schleudern große Mengen an Lava, Gestein und Asche hoch in die Atmosphäre.

SANTORINI ▼

Irgendwann zwischen 1600–1650 v. Chr. ereignete sich ein gewaltiger Ausbruch auf der Insel Santorini (auch Thera, Griechenland). Nach dem Ausbruch stürzte die leere Magmakammer ein und bildete einen riesigen Krater, eine Caldera, die sich mit Wasser füllte. Der Vulkan auf Santorini ist immer noch aktiv und sein letzter Ausbruch war im Jahr 1950.

Die Insel Anak Krakatau wuchs seit 1927 vom Meeresboden bis auf eine Höhe von 300 m.

▼ ÄTNA

Auf der Grenze zwischen der Afrikanischen und der Eurasischen Platte erhebt sich der Ätna auf mehr als 3300 m Höhe. Er ist der größte aktive Vulkan in Europa. In seiner langen Geschichte als aktiver Vulkan brach er häufig aus – allein im 20. Jh. ereigneten sich fünf große Ausbrüche.

▼ ERLOSCHEN

Vulkane können auch erlöschen, z. B. wenn sich die Platten so verschieben, dass der Vulkan nicht mehr direkt über einer Magmakammer liegt. Der Kilimandscharo ist ein riesiger Schichtvulkan in Tansania. Er besteht aus drei einzelnen Vulkangipfeln, von denen zwei (Mawenzi und Shira) erloschen sind und einer (Kibo) ruht.

▶ RUHEND

Ein ruhender Vulkan war zwar manchmal seit langer Zeit nicht mehr aktiv, kann aber in Zukunft wieder ausbrechen. Der Mauna Kea ist ein ruhender Schildvulkan und mit einer Höhe von 4205 m der höchste Gipfel auf Hawaii (USA). Er erhob sich vor ungefähr 1 Mio. Jahren vom Meeresgrund und brach zuletzt vor 4500 Jahren aus.

GESTEIN UND BODEN

Die Erdkruste setzt sich aus verschiedenen Gesteinsarten zusammen. Sie bestehen aus chemischen Stoffen, den Mineralen. Einige Minerale wie die Metalle Silber und Kupfer bestehen aus nur einem Element, andere sind Verbindungen oder Mischungen. Silikate enthalten beispielsweise Sauerstoff, Silizium und andere Stoffe.
Es gibt drei Gruppen von Gestein – magmatisches, metamorphes und Sedimentgestein. Im Lauf der Zeit können Gesteine ihre Struktur ändern und die Gruppe wechseln. Diesen Prozess nennt man Gesteinskreislauf.

▼ GESTEINSKREISLAUF

Der Gesteinskreislauf veranschaulicht, wie sich Gesteine umwandeln. Sedimentgestein kann z. B. durch große Hitze und hohen Druck zu metamorphem Gestein werden. Außerdem kann Hitze Sedimentgestein oder metamorphes Gestein in magmatisches Gestein umwandeln. Wenn Gestein abgetragen wird, werden die Körnchen verbreitet und als Sediment abgelagert. Sie verfestigen sich dann zu neuem Sedimentgestein.

Heißes Magma bildet an der Oberfläche magmatisches Gestein (Erstarrungsgestein).

Sedimentgestein wird unter großer Hitze und hohem Druck zu metamorphem Gestein.

Wärme schmilzt Sedimentgestein zu Magma.

Sediment, das am Meeresgrund abgelagert wird, bildet neues Sedimentgestein.

▼ MAGMATISCHES GESTEIN

Magmatisches Gestein bildet sich aus geschmolzenem Gestein, das abkühlt und erstarrt. Seine Struktur hängt davon ab, wie schnell es abkühlt. Auf oder in der Nähe der Erdoberfläche kühlt Gestein schneller ab. Dadurch wird es feinkörnig wie Basalt, der sehr häufig am Meeresboden vorkommt. Magmatisches Gestein tief unter der Oberfläche kühlt dagegen langsamer ab und wird deshalb grobkörnig wie Granit (unten).

INTRUSIVGESTEIN ▼

Wenn Magma abkühlt und erstarrt, bevor es die Oberfläche erreicht, dringt es in andere Gesteine ein. Durch dieses Eindringen (Intrusion) entstehen schmale Kanäle in Rissen anderer Gesteine oder auch große Tiefengesteinskörper, die Batholithen. Intrusivgestein erscheint meist erst nach Millionen Jahren der Erosion an der Oberfläche.

▼ SEDIMENTGESTEIN

Sedimentgesteine wie Sandstein entstehen aus winzigen Gesteinskörnchen oder, wie bei Kalkstein (unten), aus Skeletten, Muscheln und anderen harten Körperteilen von Tieren. Dieses Material wird durch Flüsse, Meere, Wind oder Gletscher verteilt und lagert sich als Sediment ab. Mit der Zeit bilden sich immer neue Schichten, die Druck auf die unteren Schichten ausüben. Diese werden dadurch verdichtet und zu festem Gestein.

Die Burg Trosky (Tschechische Republik) steht auf Intrusivgestein.

▶ REGIONALMETAMORPHOSE

Metamorphes Gestein entsteht manchmal über große Flächen hinweg durch große Wärme und hohen Druck. Diese entstehen, wenn die enormen Kräfte, die die Plattenbewegungen verursachen, das Gestein falten und dehnen. Sedimentgestein kann sich z. B. durch diese Regionalmetamorphose in unterschiedliche Schiefergesteine umwandeln. Das Schiefergestein selbst kann durch noch mehr Wärme und Druck zu hartem, metamorphem Gestein werden, dem sogenannten Gneis (rechts).

▲ AN DER OBERFLÄCHE

Flüsse führen sehr viel Sediment mit sich. Der Amazonas schwemmt z. B. täglich über 1,3 Mio. t Sediment in den Atlantik. Sediment lagert sich immer nahe der Erdoberfläche ab und wird durch immer neue Schichten langsam verdichtet. Deshalb sind etwa 75 % des sichtbaren Gesteins Sedimentgestein. Aber die Erdkruste insgesamt besteht nur zu 5 % aus Sedimentgestein.

▲ METAMORPHES GESTEIN

Marmor ist ein metamorphes Gestein. Alle metamorphen Gesteine entstanden aus einer anderen Gesteinsart – entweder durch große Wärme oder durch Wärme und Druck. Wenn magmatisches Gestein oder heißes Magma in ein Gebiet eindringt, wird das Gestein, das damit in Kontakt kommt, sehr stark erwärmt. Durch diese Erwärmung kann z. B. Kalkstein in Marmor (oben) und Sandstein in Quarzit umgewandelt werden.

▶ BODEN

Eine Schicht aus lockerem Material bedeckt große Landflächen und ist wichtig für die Pflanzen. Sie entsteht aus Gesteinsresten, die durch Verwitterung in winzige Bruchstücke zerfallen und sich mit dem Material abgestorbener Tiere und Pflanzen vermischen, dem Humus. Im Boden gibt es Wasser, Luft und mineralreiche Nährstoffe, die von den Pflanzen über die Wurzeln aufgenommen werden. Die Zusammensetzung des Bodens ist vielfältig – vom klebrigen Lehm bis hin zu losen, trockenen Sandböden.

VERWITTERUNG UND EROSION

Steine und Felsen werden ständig von Wasser, Wind, Eis, chemischen Reaktionen und wechselnden Temperaturen angegriffen. Verwitterung ist der allmähliche Abbau von frei liegendem Gestein, entweder durch chemische Änderungen oder dadurch, dass es in kleinere Stücke bricht. Wenn das verwitterte Material dann von seinem Ort entfernt wird, nennt man den Vorgang Erosion. Diese Arbeit erledigen meist entweder Wasser, Wind oder Eis.

◀ PHYSIKALISCHE VERWITTERUNG

Gestein dehnt sich bei Wärme aus und zieht sich bei Kälte zusammen. Physikalische Verwitterung wird daher oft von wechselnden Temperaturen verursacht. Wenn Wasser in Spalten dringt, dort gefriert und sich ausdehnt, sprengt das Eis das Gestein (Frostverwitterung). Und wenn Wasser beim Verdampfen Salze in Rissen des Gesteins zurücklässt, dehnt sich das Salz bei Wärme aus und sprengt das Gestein (Salzverwitterung).

Die Hohlräume entstanden durch Salzverwitterung der Gischt.

▶ BIOLOGISCHE VERWITTERUNG

Auch durch Lebewesen kann Gestein verwittern. Pflanzenwurzeln dehnen Spalten aus und sprengen das Gestein. Einige Tiere wie Napfschnecken reiben kleine Körnchen ab oder graben Löcher. Andere Lebewesen wie Flechten und Bakterien setzen Stoffe frei, die das Gestein auflösen.

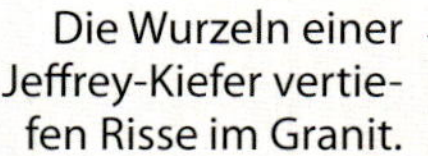

Die Wurzeln einer Jeffrey-Kiefer vertiefen Risse im Granit.

▼ VERGLETSCHERUNG

Gletscher können eine Landschaft nachhaltig verändern. Während sie sich langsam bewegen, höhlen sie Gestein aus, zermahlen es und tragen es ab. So entstehen typische Gebirgsformen wie gezahnte Gipfel und scharfe Grate sowie weite u-förmige Täler. Wenn sich solche Täler bis zur Küste erstrecken und mit Wasser gefüllt sind, nennt man sie Fjorde.

▲ KARST

Bei bestimmten Gesteinen wie Marmor, Dolomit, Gips und Kalkstein kommt es zu chemischen Reaktionen mit Regenwasser. Durch diese Form der Erosion entstehen sogenannte Karstlandschaften. Regen bildet mit Kohlendioxid aus der Luft die schwache Kohlensäure, die in Fugen im Kalkstein eindringt und ihn mit der Zeit auflöst. So bilden sich große „Wälder" aus Felsnadeln oder auch Höhlen.

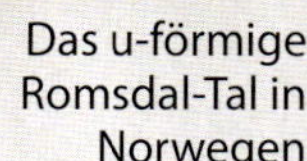

Das u-förmige Romsdal-Tal in Norwegen

▶ WINDEROSION

Der Wind wirbelt große Mengen Sand und andere Staubkörnchen auf und schleift damit die Felsen ab. In weichen Gesteinen entstehen dadurch tiefe Furchen, härtere Steine erhalten manchmal aber auch glatte, abgerundete Oberflächen. Der beeindruckende Bogen der Sipapu-Brücke in Utah (USA) entstand ursprünglich durch Wassererosion, wurde aber durch Winderosion weitergeformt.

Die Sipapu-Brücke ist 67 m hoch und 82 m lang.

Diese Schleife des Flusses Colorado in Arizona (USA) heißt Horseshoe Bend („Hufeisenbiegung").

▶ FLIESSENDES WASSER

Flusswasser trägt sehr viel Material ab und führt es dann als Sediment mit sich. Die Flüsse graben sich so immer tiefer in die Landschaft, tragen Flussufer und -betten ab, pressen Wasser in Risse und zertrümmern loses Gestein in kleinere Teile. In Flussschleifen strömt das Wasser an der Außenseite schneller und formt das äußere Ufer dadurch stärker als das innere.

▼ KÜSTENEROSION

Meereswellen führen Steine, Sand und andere Teilchen mit sich, die als starkes Schleifmittel auf das Küstengestein wirken. Viele Küstenlinien bestehen aus unterschiedlich harten Gesteinen, die nicht gleich schnell abgetragen werden. Das weiche Gestein, das diese Klippen in der Chesapeake Bay in Maryland (USA) bildet, wird schnell abgetragen. Die Häuser, die schon über den Klippenrand ragen, sind inzwischen verlassen.

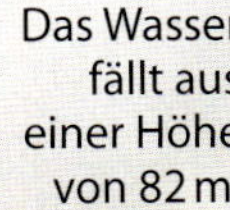

Das Wasser fällt aus einer Höhe von 82 m.

▲ WASSERFÄLLE

Die Iguaçu-Wasserfälle in Südamerika bestehen aus 275 einzelnen Wasserfällen entlang eines 2,7 km langen Abschnitts des Flusses Iguaçu. Wasserfälle entstehen häufig, wenn ein Flussbett aus unterschiedlich hartem Gestein besteht. Wasser trägt das weiche Gestein zu einer steilen Stufe ab, über die es dann hinwegfließt. Über längere Zeiträume erodiert der Wasserfall aber auch das härtere Gestein, sodass sich der Wasserfall flussaufwärts (rückwärts) verschiebt.

FOSSILIEN UND SCHICHTEN

Geologen, die den Aufbau der Erde erforschen, und Paläontologen, die die ersten Lebewesen erforschen, erhalten aus Gesteinen wertvolle Hinweise auf die Vergangenheit. Fossilien liegen oft viele Millionen Jahre lang versteckt im Gestein, bis sie durch Erosion an die Oberfläche gelangen. Die Erde ist schon 4,6 Milliarden Jahre alt. Um diese unvorstellbare Zeitspanne zu erfassen, entwickelten die Forscher die geologische Zeitskala.

❶ ERDZEITALTER
Die Erdgeschichte wird in vier große Zeitalter unterteilt – Proterozoikum, Paläozoikum, Mesozoikum und Känozoikum. Das Zeitalter des Känozoikums umfasst die letzten 65 Mio. Jahre bis heute. Jedes Zeitalter ist in Perioden gegliedert, die wiederum in Epochen unterteilt sind. Wir leben im Holozän, das vor etwa 10 000 Jahren begann.

❷ SCHICHT AUF SCHICHT
Diese Gesteinsformationen in der Wüste Painted Desert in Arizona (USA) zeigen mehrere Schichten von Sedimentgestein. Über lange Zeiträume lagern sich mehrere Schichten von Sedimentgestein übereinander. In unberührten Formationen liegt die älteste Schicht unten. Geologen untersuchen diese Schichten, um sich ein Bild von der Geschichte des Gebiets zu machen.

❶

Zeitalter	Spätes Proterozoikum			Paläozoikum						Mesozoikum			Känozoikum		
Periode	Tonium	Cryogenium	Ediacarium	Kambrium	Ordovizium	Silur	Devon	Karbon	Perm	Trias	Jura	Kreide	Paläogen	Neogen	Quartär

Vor 1 Mrd. Jahren – 850 – 630 – 542 – 488 – 443 – 416 – 359 – 299 – 251 – 200 – 146 – 65 – 23 – 1,8 – 0

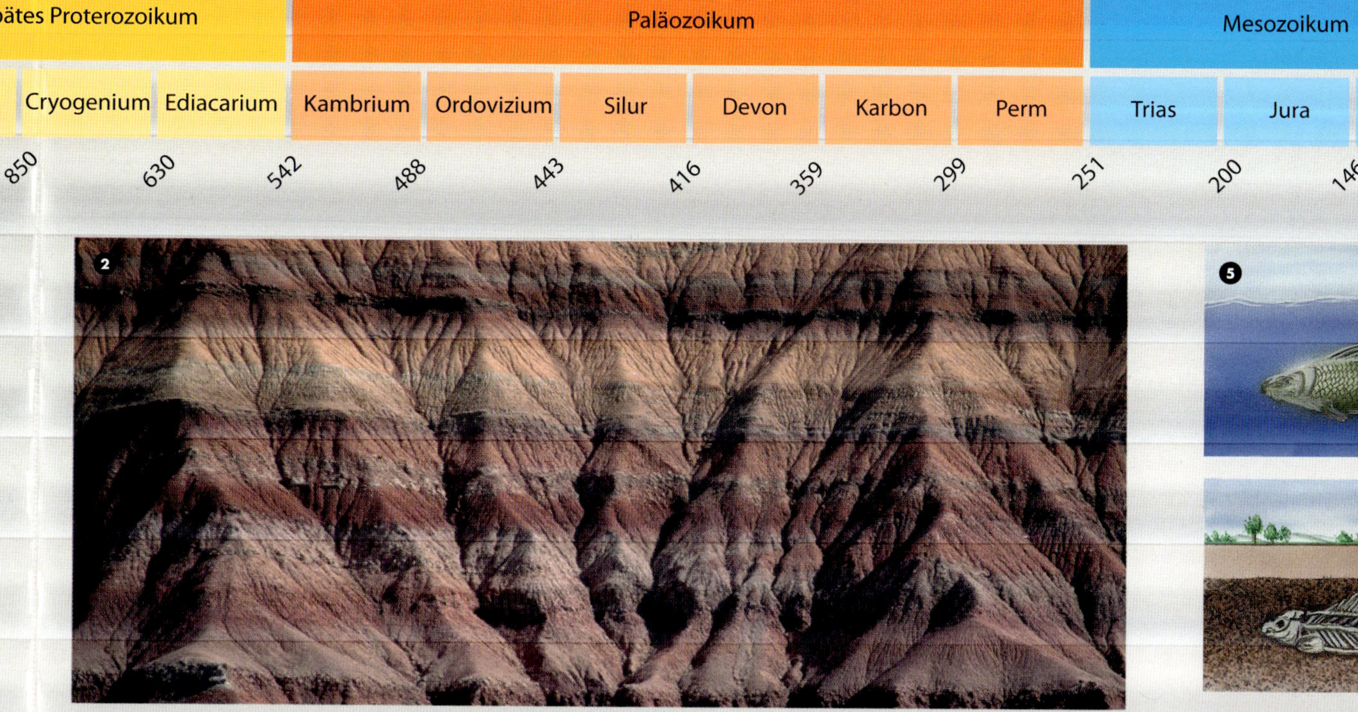

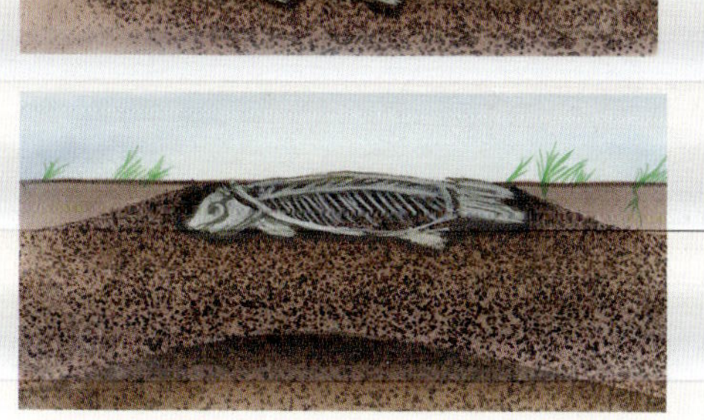

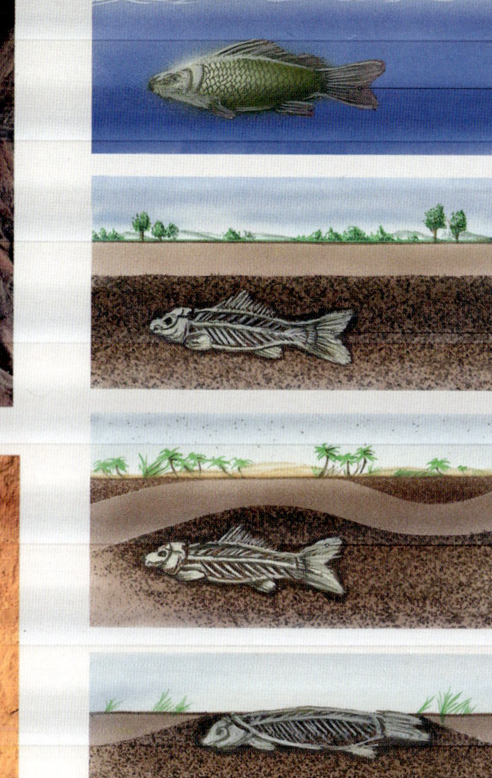

5
Ein Fisch stirbt.
Schlick bedeckt die Überreste.
Die Weichteile des Körpers werden durch Schlick ersetzt, die Skelettreste durch Minerale.
Versteinerte Überreste gelangen an die Oberfläche.

❸ VERWERFUNGEN UND FALTUNGEN
Viele Gesteinsformationen bleiben nicht über Millionen Jahre hinweg unverändert. Bei Bewegungen der Erdkruste können sie zerbrechen und verschoben werden. Über lange Zeiträume hinweg wirken auch weniger starker Druck und Wärme auf das Gestein, sodass sich seine Schichten falten. Das Bild zeigt einen geologischen Sattel, bei dem die Schichten in der richtigen Reihenfolge erhalten blieben: Das älteste Gestein liegt am tiefsten unter der Oberfläche.

❹ FOSSILIEN
Fossilien sind körperliche Beweise für urzeitliches Leben. Dazu zählen erhalten gebliebener Kot, Fußabdrücke, Knochen und vollständige Skelette von Dinosauriern oder auch die Schalen von vorgeschichtlichen Meerestieren. Fossilien entstehen auf unterschiedliche Art. Insekten z. B. findet man manchmal in Bernstein, weil sie im Harz von Bäumen kleben blieben, das dann zu Bernstein aushärtete.

Modelle der Mammuts aus den Teergruben von La Brea

Über 65 000 Fossilien wurden im Burgess-Schiefer (Kanada) entdeckt.

Versteinerte Libelle aus dem Mesozoikum (vor 251–65 Mio. Jahren)

❺ FOSSILIERUNG
Die Abbildungen zeigen, wie ein Fisch zu einem Fossil wird. Die Weichteile zersetzen sich, aber die Gräten und andere harte Körperteile bleiben erhalten und werden von Mineralen durchsetzt. Diese härten aus, während Sedimentschichten die Überreste bedecken. Erosion oder Bewegungen der Erdkruste legen das Fossil frei.

❻ KONSERVIERUNG IN TEER
Manche Tiere aus vorgeschichtlicher Zeit fielen in Teergruben und blieben darin sehr gut erhalten. Die Teergruben von La Brea bei Los Angeles (Kalifornien, USA) sind weltweit berühmt, weil sie Tausende von Fossilien enthalten, die bis zu 40 000 Jahre alt sind. Darunter sind auch Überreste von Mammuts und Säbelzahntigern.

❼ FOSSILIENFUNDE
Viele Orte sind für ihren Reichtum an Fossilien berühmt. Die kanadische Burgess-Schieferformation wurde 1909 entdeckt. Vor 520–512 Mio. Jahren, im mittleren Kambrium, war das Gebiet Teil eines Ozeans, in dem häufige Schlammlawinen die Überreste vieler Meerestiere begruben und so erhielten.

❽ FOSSILE ÜBERRESTE
Anhand der Fossilien können Forscher herausfinden, wie das Leben, das Klima und die Erdoberfläche vor Millionen von Jahren aussahen. Einige Arten, die sich schnell entwickelten und über die ganze Erde verbreitet waren, nennt man Leitfossilien. Sie verraten das Alter der Gesteine, in denen sie erhalten blieben.

WASSER

Wasser ist lebenswichtig. Alle Lebewesen bestehen zu mehr als 50 Prozent ihres Gewichts aus Wasser und nur wenige können längere Zeit ohne Wasser überleben. Auf der Erde gibt es insgesamt rund 1,45 Milliarden Kubikkilometer Wasser in festem, flüssigem und gasförmigem Zustand. Die Gesamtmenge an Wasser bleibt immer gleich, aber es durchläuft einen ständigen Prozess durch verschiedene Orte und Aggregatzustände: den Wasserkreislauf.

▲ EISKAPPEN
Weniger als 3 % des weltweiten Wassers sind Süßwasser. Der größte Teil davon ist wiederum als festes Eis in Gletschern und in dem riesigen Eisschild gebunden, das Teile der Arktis und den größten Teil der Antarktis bedeckt. Der antarktische Eisschild besitzt enorme Ausmaße. Seine Fläche umfasst nahezu 14 Mio. km² und er erstreckt sich an bestimmten Stellen bis auf 2500 m Tiefe.

◀ MEERE UND OZEANE
Meere bedecken fast drei Viertel der Erdoberfläche. Sie enthalten zusammen mehr als 97 % des gesamten Wassers auf der Erde. Meerwasser ist salzig: Es enthält normalerweise 3 % Salz und 0,6 % andere Elemente wie Kalium, Fluor und Kalzium. Die Meere sind miteinander verbunden und ihr Wasser wird durch Meeresströmungen laufend ausgetauscht.

Wasserdampf bildet Wolken.
Wasser verdunstet aus den Meeren.
Niederschlag fällt auf den Boden.
Pflanzen geben Wasser ab.
Wasser fließt in Flüssen zu den Meeren.

Hochland
Ein Fluss windet sich durch die Landschaft.
Flussmündung
Das Wasser fließt ins Meer.

◀ FLÜSSE
Die meisten Flüsse werden von kleineren Flüssen und Nebenflüssen sowie durch Niederschläge und die Schneeschmelze gespeist. In tieferen Ebenen fließen sie langsamer, werden breiter und schlängeln sich durch die Landschaft. Sie münden schließlich entweder in Seen, weiten sich zu Feuchtgebieten und Deltas aus oder enden im Meer.

▲ DER WASSERKREISLAUF
Die Sonne treibt diesen Kreislauf an. Ihre Energie verdampft flüssiges Wasser zu Wasserdampf, der in der Atmosphäre Wolken bildet. Wasserdampf wird auch bei der Transpiration von Pflanzen abgegeben. Aus den Wolken fällt Wasser als Regen, Schnee, Hagel oder anderer Niederschlag auf die Erde zurück.

◀ WOLKENBILDUNG

Wolken bilden sich, wenn warme Luft mit Wasserdampf aufsteigt, abkühlt und der Dampf zu Millionen von Wassertröpfchen kondensiert. Diese Tröpfchen stoßen zusammen und bilden größere Tropfen, die schließlich zu schwer werden. Dann fallen sie als Regen – bei Kälte auch als Schnee oder Hagel – auf die Erde zurück.

▶ ZU WENIG WASSER

Dürren sind lange Zeiträume ohne oder mit nur sehr spärlichen Niederschlägen. Dadurch trocknen Speicherseen und Brunnen aus und Pflanzen verdorren. Der trockene Boden wird hart und rissig. Er wird zu Staub zerkrümelt und vom Wind verweht. Durch diesen Bodenverlust bleiben Gebiete manchmal langfristig unfruchtbar, selbst wenn wieder Regen fällt.

▶ FEUCHTGEBIETE

Gebiete, in denen viel Wasser steht oder langsam fließt, nennt man Feuchtgebiete. Dort bildet das Wasser Sümpfe, Teiche und Moore. Feuchtgebiete wie das Okawango-Delta in Botsuana (Afrika) sind sehr reichhaltige Lebensräume. Durch die jährlichen Fluten schwillt der Okawango so an, dass er eine Fläche von rund 15 000 km² bedeckt.

▼ ZU VIEL WASSER

Viele Überschwemmungen ereignen sich regelmäßig und sind vorhersagbar. Viele von ihnen, wie z. B. die jährliche Überschwemmung am Nil (Ägypten) waren früher nützlich, weil die Fluten reichhaltiges, fruchtbares Sediment ablagerten. Die Nährstoffe förderten die Landwirtschaft und das Wasser konnte zur Bewässerung genutzt werden. Unerwartete Überflutungen können dagegen Städte, Felder und die Lebensräume vieler Tiere zerstören.

Der Okawango bildet das größte Binnendelta der Welt.

Fluten überschwemmen die Stadt Fenton in Missouri (USA).

WETTER

Die Luft ist ständig in Bewegung und treibt Wolken, Regen und Schnee rund um den Globus. Das Wetter wird von Luftströmungen erzeugt, die von der Sonne erwärmt werden und in der Atmosphäre kreisen. Diese Strömungen verteilen kalte und warme Luft mit unterschiedlichem Luftdruck. Das Wetter beschreibt den augenblicklichen Zustand der Atmosphäre an einem Ort. Die allgemeinen Wetterbedingungen, die in einem Gebiet über einen langen Zeitraum vorherrschen, nennt man Klima.

❶ **Schnee** Wassertropfen können in Wolken zu Eiskristallen gefrieren, die sich beim Zusammenstoß zu Schneeflocken verbinden. Die meisten Schneeflocken schmelzen und fallen als Regen auf die Erde. Wenn die Luft in Bodennähe aber kalt genug ist, landen sie auch als Schnee. Auf dem Thompson-Pass in Alaska (USA) fielen einmal 160 cm Schnee an nur einem Tag.

❷ **Luftfeuchtigkeit** Sie ist ein Maß für den Anteil des Wasserdampfes in der Luft. Wärmere Luft kann mehr Wasserdampf aufnehmen als kältere. Bei hoher Luftfeuchtigkeit kann der Schweiß am Körper nicht so schnell verdunsten. Wir empfinden daher feuchte Tage meist als heißer und unangenehmer als trockene Tage mit derselben Temperatur.

❸ **Hagel** Hagelkörner sind Eisstücke, die sich in Gewitterwolken bilden. Wenn Eiskristalle durch eine Wolke sinken, lagert sich auf ihrer Oberfläche ein feuchter Film ab. Starke Luftströmungen tragen sie wieder hinauf in die Wolke, wo der feuchte Film gefriert und eine neue Eisschicht bildet. Nach mehreren solchen Kreisläufen entstehen große Hagelkörner mit vielen Schichten. Ein Hagelkorn, das 2003 in der Stadt Aurora in Nebraska (USA) niederging, hatte einen Durchmesser von 18 cm und wog 680 g.

❹ **Nebel** Wenn sich am Boden oder in Bodennähe Wasserdampfwolken bilden, die die Sicht auf weniger als 1 km beschränken, spricht man von Nebel. Er beeinträchtigt die Sicherheit des Verkehrs auf der Straße, in der Luft und auf dem Wasser. In Gebieten mit hoher Luftverschmutzung durch Kohlekraftwerke und Autoverkehr reagiert Rauch mit Nebel und bildet gesundheitsschädlichen Smog.

❶

❷

❸

❹

Dieses Hagelkorn, so groß wie ein Golfball, fiel in Texas (USA).

❺ Wind Unterschiedliche Temperaturen und unterschiedlicher Luftdruck erzeugen Luftströmungen, die wir als Wind spüren. Verschiedene Regionen auf der Erde empfangen unterschiedlich viel Sonnenwärme. Die kalte, dichte Luft an den Polen sinkt in der Regel zu Boden und strömt nahe der Erdoberfläche zum Äquator. Warme Luft vom Äquator steigt dagegen auf, weil sie weniger dicht ist, und strömt hoch in der Atmosphäre zu den Polen.

Aufwinde (aufsteigende Luftströme) erreichen in Gewitterwolken Geschwindigkeiten von mehr als 130 km/h.

Die Luft in der Umgebung eines Blitzes wird bis zu 20 000 °C heiß.

Auf Wetterkarten ist die Lage der Warm- und Kaltfronten mit roten und blauen Linien markiert.

❻ Blitze Elektrische Entladungen während eines Gewitters nehmen wir auf der Erde als Blitze wahr. Die Eiskristalle in den Gewitterwolken besitzen, je nach ihrer Größe, positive und negative elektrische Ladungen und erzeugen daher eine elektrische Spannung. Diese entlädt sich dann oft mit einem gewaltigen Blitz. Der Donner entsteht durch heiße Luft um den Blitz, die sich plötzlich sehr schnell ausdehnt.

❼ Stürme Gewitterwolken reichen von Bodennähe bis in eine Höhe von über 12 km in die Atmosphäre. Stürme sind Bewegungen in der Atmosphäre, die häufig durch die Begegnung von kalten und warmen Luftmassen entstehen. Der Wind wird immer schneller und Feuchtigkeit fällt als Regen, Schnee oder Hagel zu Boden. Nach einem Sturm über Mumbai (Indien) fielen im Jahr 2005 an nur einem Tag 94,4 cm Regen pro Quadratmeter.

❽ Wirbelstürme Diese Stürme, die man auch Hurrikane oder Zyklone nennt, entstehen über tropischen Meeren. Sie haben oft Durchmesser von über 600 km und wirbeln mit Geschwindigkeiten von rund 300 km/h um ein relativ ruhiges Zentrum, das als Auge bezeichnet wird. Wirbelstürme können große Verwüstungen anrichten. Der Hurrikan Felix, der 2007 auf Mittelamerika traf, forderte 130 Tote.

❾ Wetterkarten Meteorologen (Wetterforscher) sagen anhand aktueller Werte das kommende Wetter voraus. Wetterballons, Wetterstationen und Satelliten senden Daten an Computer, die die Bedingungen in der Atmosphäre, die Windstärke und Entstehung von Stürmen verfolgen. Vorhersagen sind jedoch nicht immer zuverlässig, weil die Bedingungen sich plötzlich ändern können.

NATURVORRÄTE

Die Erde besitzt reichhaltige Vorräte, über die wir verfügen können. Flüsse liefern z. B. nicht nur Trink- und Nutzwasser, sondern sind auch wichtige Nahrungsquellen und ein Transportsystem für Schiffe. Die Wälder bieten uns Schutz, Nahrung, Brennstoffe, Medikamente und wertvolles Rohmaterial für Häuser, Papier und andere Güter. Doch wir müssen mit den Vorräten sorgfältig umgehen. Werden sie zu stark ausgebeutet, verlieren wir sie, und wenn wir bestimmte Methoden und Chemikalien zu sorglos anwenden, schaden wir der Umwelt oder zerstören sogar den gesamten Vorrat.

1 Landwirtschaft Vor etwa 10 000 Jahren lernten Menschen, wie man Wildpflanzen und -tiere als Nahrungsquelle züchtet. Die moderne Landwirtschaft ist eine enorme Industrie. Allein im Jahr 2009 wurden weltweit 682 Mio. t Weizen produziert. Doch die Landwirtschaft benötigt riesige Flächen, auf denen dann Wälder, Grünland und anderer natürlicher Bewuchs verloren geht.

2 Reichtümer aus dem Meer Die Fischerei beschäftigt weltweit mehr als 35 Mio. Menschen. Ihr Fang, von winzigen Krebstieren bis zu über 200 kg schweren Thunfischen, liefert Nahrung mit viel Eiweiß und Nährstoffen. Doch die Überfischung in bestimmten Gebieten vermindert den Fischbestand dramatisch. Deshalb haben viele Regierungen Fangobergrenzen eingeführt.

3 Forstwirtschaft Für die Holzwirtschaft werden jährlich Millionen Tonnen Bäume gefällt. Neben dem Holz liefern die Wälder aber auch noch andere Schätze wie Nahrungsmittel und Pflanzen für Medikamente. In der modernen Industrie werden viele Stoffe aus Holz gewonnen. Dazu gehören die Zellulose für Textilien und Farben sowie andere Chemikalien, aus denen Duft- und Aromastoffe gewonnen werden.

4 Rohmaterialien aus Gestein Viele Gesteine und Minerale werden bei der Herstellung von Kosmetika (Lehm) oder Nahrungsmitteln (Steinsalz) verwendet. Kalkstein und Granit werden zum Wohnungsbau abgebaut oder, im Fall des Kalksteins, zu Zement zermahlen. Aus Sand wird unter anderem Glas hergestellt, während Lehm und Schiefer zu Ziegelsteinen und Keramik verarbeitet werden.

5 Bergbau und Erze Der Bergbau kann tief unter der Erde oder als offener Tagebau stattfinden. Im Bergbau werden Kohle, Edelsteine, Metalle und Minerale wie Feldspat und Pottasche gewonnen. Viele der nützlichen Metalle wie Eisen, Aluminium und Kupfer liegen in der Erdkruste in Form von Erzen vor. Um sie zu gewinnen, müssen die Erze erst verarbeitet werden.

6 Fossile Brennstoffe Erdgas, Kohle und Erdöl sind fossile Brennstoffe. Diese Rohstoffe sind Überreste toter Lebewesen, die zur Energiequelle geworden sind. Kraftwerke, die fossile Brennstoffe nutzen, erzeugen 60 % der Elektrizität. Da ihre Vorräte begrenzt sind, muss man immer wieder neue Lagerstätten entdecken. Deshalb werden Bohrungen in der Tiefsee oder unter den polaren Eiskappen durchgeführt.

7 Wasserkraft Diese erneuerbare Form der Energie wird schon seit Jahrhunderten zum Antrieb von Wassermühlen genutzt. Heute treibt die Wasserkraft Turbinen an, die Elektrizität erzeugen. Ungefähr 20 % der weltweiten Elektrizität werden auf diese Art gewonnen. Staudämme wie der Hoover-Damm speichern große Mengen Wasser, die ganze Städte oder bedeutende Gebiete überfluten könnten.

8 Sonne, Wind und Meer Zu den erneuerbaren Energien gehören auch Windkraft, Solaranlagen und Gezeitenkraftwerke. Windräder treiben Generatoren an, die Elektrizität erzeugen. Ungefähr 2 % der weltweiten Elektrizität werden mit Windkraft erzeugt, aber in einigen Ländern ist dieser Anteil weitaus höher – 20 % in Dänemark und 14 % in Spanien.

MENSCH UND UMWELT

Im Jahr 1900 lebten schätzungsweise 1,6 Milliarden Menschen auf der Welt. Nur 100 Jahre später ist die Bevölkerungszahl um mehr als das Vierfache gestiegen – auf 6,9 Milliarden im Jahr 2010. Dieser phänomenale Anstieg bedeutet eine zunehmende Belastung für die Erde, weil immer mehr Menschen Nahrung, Kleidung, Land, Unterkünfte, Elektrizität und andere Dinge beanspruchen. Da wir die Naturvorräte bisher schlecht verwalten und die Luft, das Wasser und auch das Land sehr stark verschmutzen, sind sowohl die Umwelt als auch die Tiere vom Menschen bedroht.

Verschmutztes Wasser zerstört in Feuchtgebieten Lebensräume und Lebewesen.

WASSERVERSCHMUTZUNG ▲

Wasser gehört zu den wichtigsten Grundlagen für das Leben und ist auf der Erde reichlich vorhanden. Dennoch haben mehr als 800 Mio. Menschen kein sauberes Trinkwasser und müssen daher Wasser trinken, das oft tödliche Krankheitserreger enthält. Abfälle von Mensch und Tier, die ungeklärt in Flüsse eingeleitet werden, verschmutzen das saubere Wasser. Zusätzliche Verschmutzung der Meere, Seen und Flüsse entsteht, wenn z. B. Chemikalien oder Öl auslaufen oder wenn Regen Pestizide und Dünger von den Feldern in die Flüsse schwemmt.

▼ LUFTVERSCHMUTZUNG

Jeden Tag gelangen Millionen Tonnen von Schadstoffen wie Kohlenmonoxid, Kohlendioxid, Schwefeldioxid und winzige Feststoffe in die Atmosphäre. Die Hauptverursacher sind die Abgase aus Motorfahrzeugen, Industriebetrieben und Kraftwerken, die fossile Brennstoffe wie Kohle und Erdöl verbrennen.

▶ SAURER REGEN

Schwefeldioxid, Stickoxide und andere Schadstoffe aus Fabriken, Kohlekraftwerken und Autoabgasen steigen in die Atmosphäre auf und mischen sich mit Wasserdampf. Diese Schadstoffe fallen in einiger Entfernung des Ortes, an dem sie entstanden sind, als saurer Regen auf die Erde zurück. Saurer Regen schädigt Bäume, löst und wäscht Nährstoffe und Minerale aus dem Boden, zerstört das Leben in Seen und Flüssen und trägt Felsen ab.

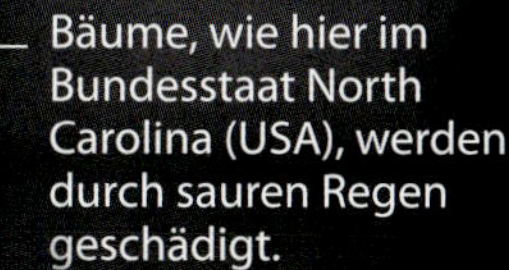

Bäume, wie hier im Bundesstaat North Carolina (USA), werden durch sauren Regen geschädigt.

▼ ABFALLBESEITIGUNG

Täglich werden ungeheure Mengen Abfall erzeugt. Die USA produzierten im Jahr 2008 mehr als 250 Mio. t Abfall. Der größte Teil des Abfalls wird in Müllverbrennungsanlagen verbrannt und erzeugt weitere Luftverschmutzung, der Rest wird in Deponien vergraben oder verrottet in offenen Mulden. Regen schwemmt oft giftige Substanzen aus den Deponien heraus, die dann ober- und unterirdische Wasserquellen verschmutzen.

Ein Stapel Baumstämme auf einer Waldlichtung

◀ ABHOLZUNG

Mindestens ein Drittel der weltweiten Regenwälder sind im vergangenen Jahrhundert verschwunden. Die Bäume wurden als Bauholz oder Brennstoff geschlagen oder für die Landwirtschaft oder Siedlungen gerodet. Abholzung zerstört reichhaltige Lebensräume, bedroht viele Pflanzen- und Tierarten und erhöht den Kohlendioxidgehalt der Luft, weil es nicht mehr von den Blättern aufgenommen wird.

▼ VERSTEPPUNG

Fruchtbares Land wird durch Abholzung, Bodenerosion, Überweidung und Klimaveränderungen in Wüsten oder Steppen verwandelt. Die Versteppung ist ein weitverbreitetes Problem in Afrika, Mittel- und Lateinamerika, Zentralasien und China. Jährlich werden 12 Mio. Hektar Land – eine Fläche, größer als Portugal – zu wüstenähnlichen Landschaften, auf denen kein Getreide mehr wächst.

▼ KLIMAVERÄNDERUNG

Die Atmosphäre enthält von jeher Kohlendioxid, Methan und andere Treibhausgase, die die Sonnenwärme speichern und die Erdoberfläche erwärmen. In letzter Zeit sind Forscher jedoch der Ansicht, dass durch menschliche Aktivitäten immer mehr Treibhausgase entstehen, sodass die Temperaturen weltweit steigen. Durch die Klimaveränderung könnten der Meeresspiegel steigen, die Eiskappen schmelzen, häufige Unwetter auftreten und viele Arten aussterben.

Korallenbleiche entsteht durch die steigende Temperatur des Meerwassers.

SUBATOMARE TEILCHEN
Diese Spuren von Elektronen und anderen Teilchen wurden in nur einer Nanosekunde (ein Milliardstel einer Sekunde) im Forschungszentrum Fermi in Chicago (USA) aufgezeichnet.

Materie und Materialien

BAUSTEINE

Sämtliche Materie – unser Körper und die Luft, die wir atmen, die Tinte, das Papier und der Umschlag dieses Buches – besteht aus Atomen. Der Begriff Atom stammt von dem griechischen Wort für „unteilbar". Er bezeichnet die kleinste Menge eines Elements, die noch die Eigenschaften dieses Elements besitzt. Jedes der über 100 Elemente besteht aus einer anderen Art von Atomen. Atome sind so winzig, dass man sie selbst unter dem Mikroskop nicht sieht.

◀ AUFBAU DER ATOME

Atome bestehen hauptsächlich aus leerem Raum. In der Mitte befindet sich der Kern mit positiv geladenen Teilchen, den Protonen, und neutralen Neutronen. Um den Atomkern kreisen Elektronen – subatomare Teilchen mit einer negativen elektrischen Ladung. Wegen ihrer entgegengesetzten Ladung werden die Elektronen von den Protonen angezogen und besetzen verschiedene Schalen. Der Atomkern des Stickstoffatoms (links) hat sieben Protonen und sieben Neutronen. Sieben Elektronen kreisen auf zwei Schalen um den Kern.

Elektron auf einer Schale

ISOTOPE ▶

Manchmal haben die Atome eines Elements unterschiedlich viele Neutronen in ihren Atomkernen. Diese unterschiedlichen Atome eines Elements nennt man Isotope. Wasserstoff besitzt als einziges Element in seiner häufigsten Form gar keine Neutronen. Es gibt aber zwei Isotope des Wasserstoffs: Deuterium mit einem Neutron und Tritium mit zwei. Die häufigste Form des Kohlenstoffs besitzt sechs Neutronen, aber das Isotop Kohlenstoff-14 hat acht Neutronen.

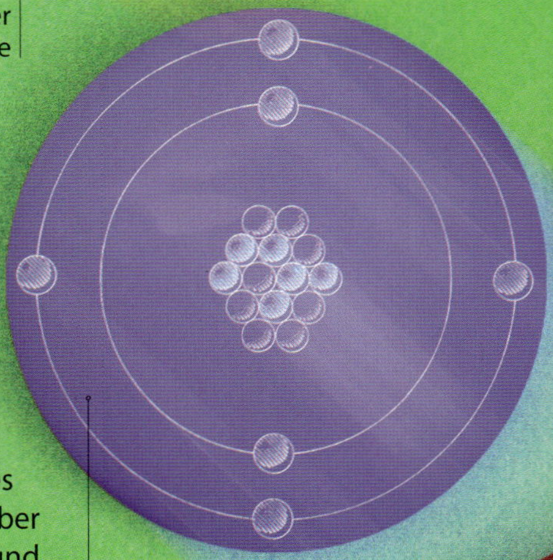

Kohlenstoff-14 besitzt gleich viele Protonen und Elektronen (sechs), aber acht Neutronen.

MOLEKÜLE – SAUERSTOFF ▶

Atome kommen in der Natur nur sehr selten rein vor. Die meisten Atome verbinden sich mit Atomen des eigenen Elements oder anderer Elemente und diese Verbindungen heißen Moleküle. Die Atome gehen chemische Bindungen ein und es gibt für jede Art von Molekül eine chemische Formel – eine Kombination aus Buchstaben und Zahlen, die zeigt, aus welchen und wie vielen Atomen ein Molekül besteht. Das chemische Symbol für Sauerstoff ist O, aber Sauerstoffmoleküle bestehen aus zwei Atomen. Die chemische Formel für ein Sauerstoffmolekül lautet deshalb O_2.

Zwei Sauerstoffatome sind chemisch zu einem Sauerstoffmolekül verbunden.

MOLEKÜLE – SCHWEFEL ▶

In einem Molekül des gelben Feststoffes Schwefel verbinden sich acht Schwefelatome zu einem Ring. Schwefel reagiert mit vielen anderen Elementen zu einer großen Vielfalt verschiedener Verbindungen (Kombinationen aus zwei oder mehr Elementen). Er reagiert mit allen Metallen außer Gold und Platin. Von Schwefel sind etwa 30 Isotope bekannt, doch nur wenige sind stabil und reagieren nicht leicht mit anderen Substanzen. Schwefel dient zur Herstellung von Düngemittel, Schießpulver und vielen Medikamenten.

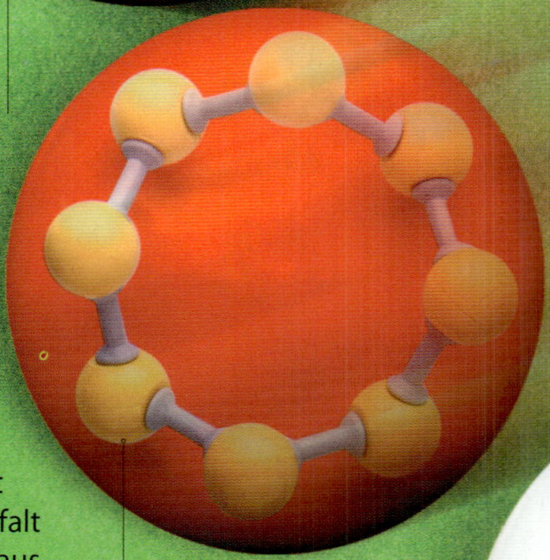

Schwefelmoleküle (S_8) bestehen aus acht Schwefelatomen.

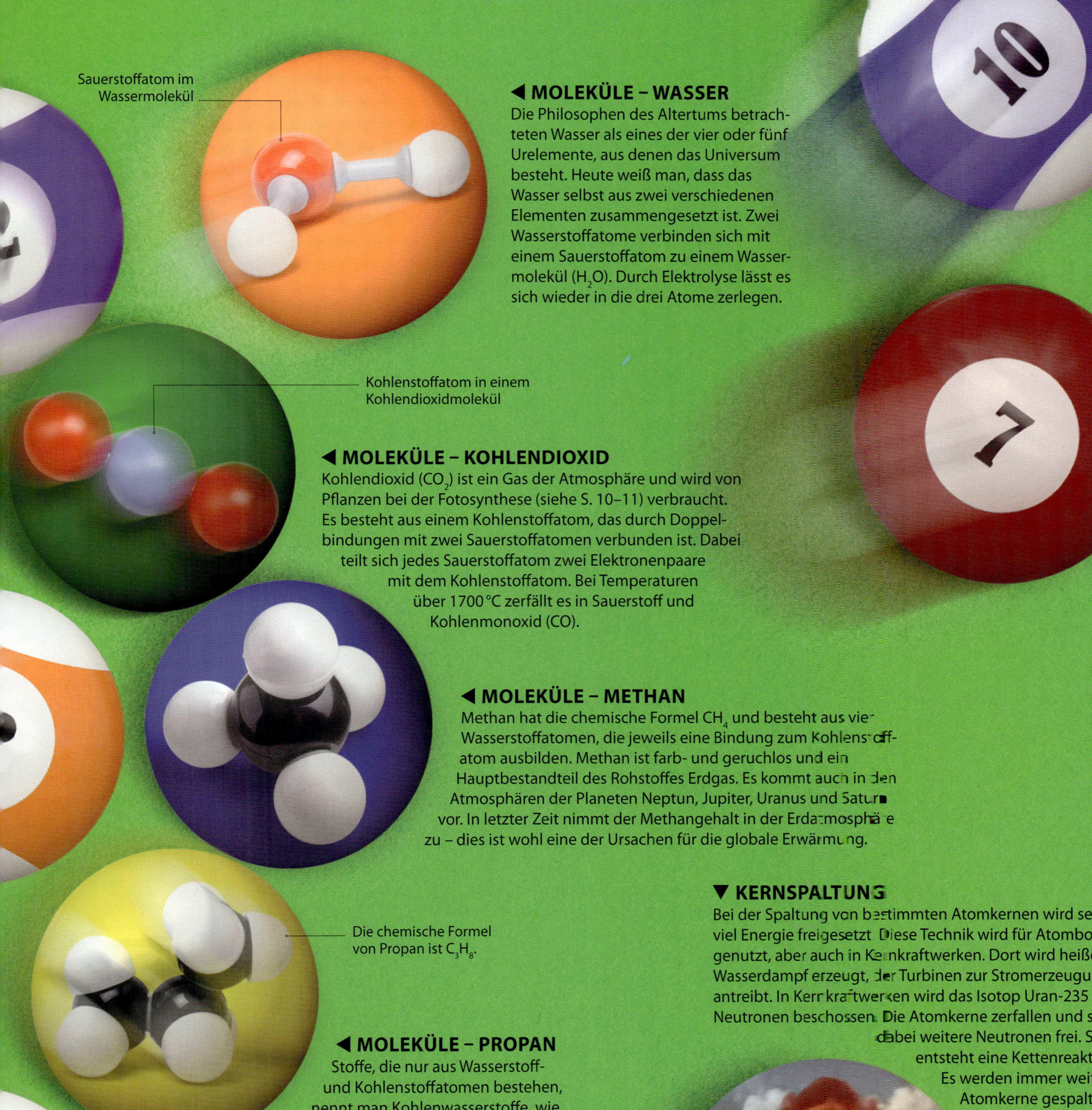

Sauerstoffatom im Wassermolekül

◀ MOLEKÜLE – WASSER

Die Philosophen des Altertums betrachteten Wasser als eines der vier oder fünf Urelemente, aus denen das Universum besteht. Heute weiß man, dass das Wasser selbst aus zwei verschiedenen Elementen zusammengesetzt ist. Zwei Wasserstoffatome verbinden sich mit einem Sauerstoffatom zu einem Wassermolekül (H_2O). Durch Elektrolyse lässt es sich wieder in die drei Atome zerlegen.

Kohlenstoffatom in einem Kohlendioxidmolekül

◀ MOLEKÜLE – KOHLENDIOXID

Kohlendioxid (CO_2) ist ein Gas der Atmosphäre und wird von Pflanzen bei der Fotosynthese (siehe S. 10–11) verbraucht. Es besteht aus einem Kohlenstoffatom, das durch Doppelbindungen mit zwei Sauerstoffatomen verbunden ist. Dabei teilt sich jedes Sauerstoffatom zwei Elektronenpaare mit dem Kohlenstoffatom. Bei Temperaturen über 1700 °C zerfällt es in Sauerstoff und Kohlenmonoxid (CO).

◀ MOLEKÜLE – METHAN

Methan hat die chemische Formel CH_4 und besteht aus vier Wasserstoffatomen, die jeweils eine Bindung zum Kohlenstoffatom ausbilden. Methan ist farb- und geruchlos und ein Hauptbestandteil des Rohstoffes Erdgas. Es kommt auch in den Atmosphären der Planeten Neptun, Jupiter, Uranus und Saturn vor. In letzter Zeit nimmt der Methangehalt in der Erdatmosphäre zu – dies ist wohl eine der Ursachen für die globale Erwärmung.

Die chemische Formel von Propan ist C_3H_8.

◀ MOLEKÜLE – PROPAN

Stoffe, die nur aus Wasserstoff- und Kohlenstoffatomen bestehen, nennt man Kohlenwasserstoffe, wie z. B. Methan und Propan. Propan ist ein farbloses Gas, das sich leicht in eine Flüssigkeit umwandeln und daher gut transportieren und lagern lässt. Es wird in großen Mengen aus Erdgas, Rohöl und aus den Gasen in Ölraffinerien gewonnen. Propan dient als Brennstoff und ist außerdem ein wichtiger Ausgangsstoff für die chemische Industrie.

▼ KERNSPALTUNG

Bei der Spaltung von bestimmten Atomkernen wird sehr viel Energie freigesetzt. Diese Technik wird für Atombomben genutzt, aber auch in Kernkraftwerken. Dort wird heißer Wasserdampf erzeugt, der Turbinen zur Stromerzeugung antreibt. In Kernkraftwerken wird das Isotop Uran-235 mit Neutronen beschossen. Die Atomkerne zerfallen und setzen dabei weitere Neutronen frei. So entsteht eine Kettenreaktion: Es werden immer weiter Atomkerne gespalten und weitere Neutronen freigesetzt.

Die Explosion einer Atombombe erzeugt eine gewaltige Pilzwolke in der Atmosphäre.

DAS PERIODENSYSTEM

Elemente bestehen jeweils aus gleichen Atomen. Sie sind Reinstoffe, die sich chemisch nicht mehr teilen lassen. Wasser besteht aus Wasserstoff (H) und Sauerstoff (O) und ist deshalb kein Element – im Gegensatz zu Wasserstoff. Jedes Element besitzt eine andere Ordnungszahl – sie gibt die Anzahl der Protonen im Atomkern an. Die ersten 94 Elemente (nach ihren Ordnungszahlen) kommen natürlich vor. Wasserstoff ist das leichteste und am weitesten verbreitete Element im Universum und besitzt die Ordnungszahl 1.

❶ PERIODENSYSTEM

Der sowjetische Chemiker Dimitri Mendelejew (1834–1907) listete alle Elemente in einer Tabelle auf. Die Elemente sind in Spalten, den Gruppen, und in Zeilen, den Perioden, angeordnet. Jedes Element rechts von dem vorherigen in derselben Periode besitzt ein Proton und ein Elektron mehr. Elemente der gleichen Gruppe weisen häufig auch ähnliche chemische Eigenschaften auf.

❷ ALKALIMETALLE

Zur ersten Gruppe des Periodensystems gehören z. B. Lithium, Kalium und das häufigste Alkalimetall, Natrium. Sie erhielten diesen Namen, weil sie mit Wasser zu alkalischen Lösungen reagieren. Natrium (Na), Cäsium (Cs) und Rubidium (Rb) reagieren mit Wasser sogar explosionsartig. Alkalimetalle sind weich, silbrigweiß und kommen in der Natur fast nur in Verbindungen vor.

Nickel (Ni)

Eisen (Fe)

Lithium (Li)

Natrium (Na)

Kalium (K)

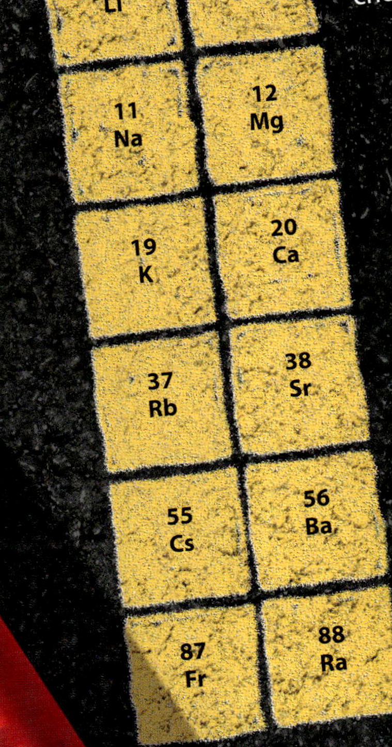

21 Sc	22 Ti	23 V	24 Cr	25 Mn	26 Fe	27 Co
39 Y	40 Zr	41 Nb	42 Mo	43 Tc	44 Ru	45 Rh
	72 Hf	73 Ta	74 W	75 Re	76 Os	77 Ir
	104 Rf	105 Db	106 Sg	107 Bh	108 Hs	109 Mt
57 La	58 Ce	59 Pr	60 Nd	61 Pm	62 Sm	63 Eu
89 Ac	90 Th	91 Pa	92 U	93 Np	94 Pu	95 Am

Kalzium (Ca)

❸

Magnesium (Mg)

Barium (Ba)

❸ ERDALKALIMETALLE

Kalzium, Magnesium, Barium und Radium (Ra) gehören zu den Erdalkalimetallen, die in Verbindungen in der Erdkruste vorkommen. Beryllium (Be) ist in Edelsteinen wie Beryllen und Smaragden enthalten. Erdalkalimetalle reagieren mit Wasser, allerdings nicht so stark wie die Alkalimetalle, und auch mit Sauerstoff. Da Magnesium an der Luft mit heller, weißer Flamme verbrennt, wird es für Fackeln und Feuerwerk genutzt.

Helium (He)

Argon (Ar)

Neon (Ne)

Kupfer (Cu)

Chrom (Cr)

4 ÜBERGANGSMETALLLE

Zu dieser Gruppe gehören die häufigsten Metalle wie Kupfer und Chrom. Die Gruppe enthält Elemente, die wie Nickel und Eisen ein Magnetfeld erzeugen können, und Osmium (Os), das die höchste Dichte aller natürlichen Elemente besitzt. Während Quecksilber (Hg) bei Raumtemperatur flüssig ist, haben die anderen Übergangsmetalle hohe Schmelzpunkte. Die meisten Übergangsmetalle sind hart und besitzen bewegliche Außenelektronen, die Strom und Wärme gut leiten.

6 EDELGASE

Diese Gase sind farb- und geruchlos und reagieren fast überhaupt nicht. Trotzdem sind sie sehr nützlich. Helium ist nach dem Wasserstoff das zweitleichteste Gas. Weil es nicht brennbar ist, kann man es sicher zum Tiefseetauchen und in Luftschiffen nutzen. Mit Ausnahme von Helium geben alle Edelgase Licht ab, wenn Elektrizität durch sie fließt. Deshalb sind sie in vielen Leuchten enthalten.

7 NICHTMETALLE

Zu den Nichtmetallen zählen die Gase in der Atmosphäre wie Stickstoff und Sauerstoff sowie auch Schwefel (S) und Kohlenstoff. Nichtmetalle leiten Elektrizität und Wärme nur schlecht und sind als Feststoffe brüchig. Halogene wie Chlor (Cl) bilden häufig Salze mit anderen Elementen.

								2 He
			5 B	6 C	7 N	8 O	9 F	10 Ne
			13 Al	14 Si	15 P	16 S	17 Cl	18 Ar
28 Ni	29 Cu	30 Zn	31 Ga	32 Ge	33 As	34 Se	35 Br	36 Kr
46 Pd	47 Ag	48 Cd	49 In	50 Sn	51 Sb	52 Te	53 I	54 Xe
78 Pt	79 Au	80 Hg	81 Tl	82 Pb	83 Bi	84 Po	85 At	86 Rn

64 Gd	65 Tb	66 Dy	67 Ho	68 Er	69 Tm	70 Yb	71 Lu
96 Cm	97 Bk	98 Cf	99 Es	100 Fm	101 Md	102 No	103 Lr

Sauerstoff (O)

Kohlenstoff (C)

Stickstoff (N)

5 METALLE UND HALBMETALLE

Blei, Zinn, Aluminium und Wismut (auch Bismut – Bi) sind Metalle. Sie sind weicher und haben niedrigere Schmelzpunkte als die Übergangsmetalle. Sie können mit anderen Metallen Legierungen bilden, wie z. B. Bronze (eine Legierung aus Kuper und Zinn). Halbmetalle wie Arsen (As), Antimon (Sb), Bor (B) und Silizium (Si) besitzen nicht alle Eigenschaften der Metalle.

Aluminium (Al)

Blei (Pb)

Zinn (Sn)

AGGREGATZUSTAND

Materie kommt in drei verschiedenen physikalischen Zuständen vor – fest, flüssig und gasförmig. Wenn Stoffe oder Elemente ihren physikalischen Zustand ändern, bleibt ihre chemische Zusammensetzung erhalten. Sauerstoff ist bei Raumtemperatur ein Gas. Kühlt man ihn, wird er zwar flüssig, bleibt aber Sauerstoff. Wasser ist sehr ungewöhnlich, weil es auf der Erde in drei Zuständen vorkommt – als festes Eis, flüssiges Wasser und gasförmiger Wasserdampf. Feste Stoffe werden bei Erwärmung in der Regel zuerst flüssig (sie schmelzen), aber gefrorenes Kohlendioxid (Trockeneis) wird direkt gasförmig. Diesen Übergang nennt man Sublimation.

❶ VERDAMPFEN

Verdampfen nennt man den Vorgang, bei dem Flüssigkeiten gasförmig werden. Den umgekehrten Übergang vom Gas zur Flüssigkeit nennt man Kondensation. Beim Verdampfen besitzen einige Moleküle der Flüssigkeit genug Energie, um als Gas zu entweichen. Flüssiges Wasser auf Gehwegen oder in nasser Kleidung steigt als Wasserdampf in die Atmosphäre auf. Flüssigkeiten verdampfen schneller, wenn man sie erwärmt, z. B. beim Wasserkochen.

❷ FLÜSSIGKEITEN

Moleküle einer Flüssigkeit sind zwar dicht gepackt, sie können sich aber frei bewegen. Flüssigkeiten haben ein festes Volumen, können aber jede Form annehmen. Sie lassen sich nicht zusammenpressen, damit sie weniger Raum einnehmen. Flüssigkeiten können fließen und das Maß, wie leicht sie fließen, nennt man Viskosität. Flüssigkeiten mit hoher Viskosität wie dicker Sirup oder Shampoo sind sehr zähflüssig.

Wasser ändert beim Kochen seinen Zustand und entweicht als Dampf.

Fruchtsaft hat eine geringe Viskosität und fließt leicht.

❸ FESTSTOFFE

In Feststoffen sind die Atome und Moleküle dicht gepackt und bilden manchmal ein regelmäßiges Gitter. Die Teilchen eines Feststoffs sind kaum beweglich und können nur schwingen. Deshalb besitzen Feststoffe, wie z. B. ein langer dünner Kupferdraht, ein runder Porzellanteller oder eine rechteckige Toastscheibe, eine feste Form. Feststoffe haben auch ein bestimmtes Volumen und nehmen einen festen Raum ein.

❹ GASE

Die Moleküle eines Gases liegen weit auseinander und sind frei beweglich. Gase dehnen sich aus, bis sie den Raum, der ihnen zur Verfügung steht, ausfüllen, und sie besitzen eine geringe Dichte. Gase haben weder eine bestimmte Form noch ein bestimmtes Volumen, sodass man sie pressen und den Raum zwischen den Molekülen verringern kann. Die meisten Gase sind unsichtbar. Der Dampf aus einer heißen Tasse Kaffee ist nur deshalb sichtbar, weil er teilweise kondensiert und einen Nebel aus Wassertropfen bildet.

❺ SCHMELZEN

Den Übergang vom festen Aggregatzustand in den flüssigen nennt man Schmelzen. Wenn die Temperatur steigt, schwingen die Teilchen in einem Feststoff stärker und schneller. Schließlich besitzen sie so viel Energie, dass sie aneinander vorbeigleiten und flüssig werden. Die Temperatur, bei der dieser Übergang erfolgt, nennt man Schmelzpunkt. Das Metall Wolfram besitzt den sehr hohen Schmelzpunkt von rund 3420 °C.

❻ GEFRIEREN

Den Übergang vom flüssigen zum festen Zustand nennt man Gefrieren. Eis gefriert z. B. aus flüssigem Wasser, und flüssiges Wachs, das von einer Kerze tropft, erstarrt wieder, wenn es abkühlt. Verschiedene Stoffe haben auch unterschiedliche Gefrierpunkte, an denen sie vom flüssigen in den festen Zustand übergehen. Der Gefrierpunkt von Wasser liegt bei 0 °C, der von Quecksilber bei –38,8 °C.

❼ PLASMA

Plasma ist der vierte Aggregatzustand. Im Universum kommt er zwar häufig vor, aber auf der Erde nur sehr selten. Er ähnelt dem gasförmigen Zustand und wird durch Strahlung oder extrem hohe Temperaturen verursacht, die den Atomen die Elektronen entreißen. Dadurch entsteht eine gasartige Wolke aus positiven Ionen und negativen Elektronen. Plasma leitet Elektrizität und Wärme außergewöhnlich gut. Es kommt in den Sternen, z. B. in der Sonne, ebenso vor wie in den Polarlichtern über den beiden Erdpolen.

Polarlichter leuchten am Nachthimmel über dem Nordpol.

Butter hat, je nach ihrem Fett- und Wassergehalt, einen niedrigen Schmelzpunkt zwischen 22 °C und 45 °C.

Eiswürfel schmelzen langsam im Wasser.

EIGENSCHAFTEN DER MATERIE

Alle Materialien und Stoffe haben äußerst vielfältige Eigenschaften. Sie betreffen ihr Aussehen und ihre Erscheinung – z. B. Farbe, Glanz oder Geruch – und auch ihr chemisches Verhalten – z. B. die Fähigkeit einer Substanz, sich in Flüssigkeiten zu lösen, den Säuregehalt oder die Brennbarkeit. Anhand dieser Eigenschaften wählen Industriebetriebe, Forscher und Ingenieure für jeden Zweck das richtige Material aus.

▶ HÄRTE

Die Härte ist ein Maß dafür, wie leicht oder schwer es ist, einen Stoff zu ritzen oder zu verformen. Es gibt verschiedene Messmethoden, aber am häufigsten wird wohl die Mohs-Skala verwendet. Zehn Minerale sind auf dieser Skala von weich bis hart angeordnet. Die Reihenfolge wird danach bestimmt, ob man sie jeweils mit den anderen ritzen kann.

Talkum hat den Grad 1: Es ist das weichste Mineral der Mohs-Skala.

Der Diamant ritzt Talkum, Korund und alle anderen Minerale auf der Skala.

Korund ist ein sehr hartes Mineral. Es ritzt alle anderen außer Diamanten.

Schaumstoffflocken haben weniger als ein Zehntel der Dichte von Wasser.

◀ MASSE UND DICHTE

Die Dichte ist das Verhältnis des Gewichts zum Volumen (g/ml). Dichte Materialien wie Blei und Messing dienen z. B. als Gewichte, während Holz und andere Materialien mit niedriger Dichte sogar im Wasser schwimmen. Diese Schaumstoffflocken enthalten Luft und haben daher eine sehr geringe Dichte. Sie dienen als Verpackungsmaterial für elektronische und zerbrechliche Geräte.

▼ ELASTIZITÄT

Manche Materialien sind elastisch, andere nicht. Elastische Materialien können Kräfte aufnehmen und lassen sich in verschiedene Richtungen biegen oder strecken, kehren dann aber wieder in die Ausgangsform zurück. Viele Materialien haben eine Elastizitätsgrenze. Werden sie darüber hinaus gedehnt, können sie ihre Ursprungsform nicht wieder annehmen.

Ein Gummiband ist dehnbar und elastisch. Wenn man es verbiegt oder streckt, kehrt es anschließend in seine Ursprungsform zurück.

Keramikscheiben isolieren die Masten von den Stromkabeln.

◀ ELEKTRISCHE LEITFÄHIGKEIT

Materialien mit guter elektrischer Leitfähigkeit lassen elektrischen Strom leicht fließen. Metalle sind sehr gute Leiter. Insbesondere Kupfer wird für elektrische Kabel genutzt. Glas, Keramik und Kunststoffe sind dagegen schlechte Leiter. Sie dienen als Isolatoren und sorgen dafür, dass der Strom nicht an unerwünschten Stellen fließt. Strommasten, die Starkstrom von Kraftwerken in die Städte transportieren, müssen beispielsweise isoliert sein.

Diese rot glühende Eisenstange kann man nur mit dicken Handschuhen anfassen.

▲ WÄRMELEITFÄHIGKEIT

Je nach Material und seiner Wärmeleitfähigkeit kann sich Wärme unterschiedlich leicht ausbreiten. Stellt man einen Löffel aus Metall in einen Topf voll Wasser, der von unten erhitzt wird, wird der Löffel sehr schnell heiß, weil Metalle und Wasser sehr gute Wärmeleiter sind. Schlechte Wärmeleiter wie Glas und Kunststoffe sind dagegen gewöhnlich gute Isolatoren und lassen die Wärme nicht nach außen in die Umgebung dringen.

▼ ENTFLAMMBARKEIT

Diese Eigenschaft beschreibt, wie leicht sich ein Material entzündet und verbrennt. Manche Materialien sind leicht entflammbar, verbrennen schnell und erzeugen Wärme. Nahezu alle Autos nutzen die Entflammbarkeit des Benzins, um die Kolben in den Zylindern der Motoren anzutreiben. Stoffe, die nicht brennen, werden als „nicht brennbar" oder „nicht entflammbar" bezeichnet.

▶ LÖSLICHKEIT

Manche Stoffe lösen sich in Wasser oder anderen Flüssigkeiten vollständig auf. Wasser wird manchmal als universelles Lösungsmittel bezeichnet, weil sich sehr viele Stoffe darin lösen. Getränke mit Kohlensäure enthalten z. B. Süßstoffe, Aromen und das Kohlendioxid, das den Sprudel erzeugt, und alle diese Bestandteile sind im Wasser gelöst.

Gold lässt sich leicht formen und sogar zu hauchdünnen Plättchen schlagen, dem Blattgold.

▲ PLASTIZITÄT

Plastizität ist die Fähigkeit eines Materials, sich zu verformen und diese Form beizubehalten. Dabei gibt es verschiedene Ausprägungen. Manche Materialien lassen sich gut zu dünnen Drähten ziehen, ohne zu reißen, andere lassen sich gut in dünne Blätter schlagen.

CHEMISCHE REAKTIONEN

Bei chemischen Reaktionen werden die Bindungen zwischen Atomen oder Molekülen gelöst und wieder neu geformt, sodass neue Stoffe entstehen. Aus den Ausgangsstoffen entstehen also neue Endprodukte. Sobald ein Stoff aus zwei oder mehr Elementen besteht, nennt man ihn eine Verbindung. Chemische Reaktionen laufen manchmal sehr schnell ab, wie bei einer Explosion, manchmal benötigen sie aber auch viele Jahre. Silber läuft beispielsweise sehr langsam an, wenn es mit Luft in Berührung kommt.

❶ REDOXREAKTIONEN

Diese Reaktionen bestehen aus einer Reduktion und einer Oxidation. Bei der Oxidation nimmt eine Substanz Sauerstoff auf oder gibt Wasserstoff ab. Die andere Substanz gibt gleichzeitig bei der Reduktion Sauerstoff ab oder nimmt Wasserstoff auf. Die Korrosion von Metallen – z. B. das Rosten von Eisen – zählt zu den Redoxreaktionen. Dabei wird die Struktur des Eisens zersetzt und es verliert seinen Glanz.

❷ UMKEHRBARE REAKTIONEN

Die meisten Reaktionen laufen nur in einer Richtung ab. Sie sind nicht umkehrbar (irreversibel), weil aus den Ausgangsstoffen völlig neue Produkte entstehen. Doch es gibt auch umkehrbare (reversible) Reaktionen: Erwärmt man festes Ammoniumchlorid, entstehen die beiden Gase Ammoniak und Chlorwasserstoff. Ein Teil dieser Gase reagiert dabei aber sofort wieder miteinander und bildet erneut Ammoniumchlorid.

❸ SUBSTITUTIONSREAKTIONEN

In einer Verbindung (in der zwei oder mehr Elemente chemisch gebunden sind) wird das weniger reaktionsfreudige Element durch ein anderes, sehr reaktionsfreudiges Element ersetzt. So verhindert die Galvanisation das Rosten von Gegenständen aus Eisen oder Stahl, z. B. von Mülleimern: Wird Eisen mit einer dünnen Zinkschicht überzogen, verbindet sich der Sauerstoff aus der Luft statt mit dem Eisen lieber mit dem Zink zu Zinkoxid, sodass kein Eisenoxid (Rost) entsteht.

❹ EXOTHERME REAKTIONEN

Reaktionen, bei denen Energie – meist in Form von Wärme – an die Umgebung abgegeben wird, nennt man exotherme Reaktionen. Wenn Säuren und Basen sich gegenseitig neutralisieren, wird ebenso Energie freigesetzt wie bei Verbrennungen. Verbrennungen sind schnell ablaufende Oxidationen, bei denen der Brennstoff mit Sauerstoff reagiert und Wärme und manchmal auch Licht erzeugt. Bei der Verbrennung von Kohlenwasserstoffen wie Öl oder Kohle entsteht z. B. die Energie, die Autos antreibt oder den Strom für Wohnungen liefert.

Rotes Eisenoxid (Rost) entsteht, wenn Eisen mit Wasser und Sauerstoff aus der Luft reagiert.

Ammoniak besteht aus einem Stickstoffatom und drei Wasserstoffatomen.

❺ ENDOTHERME REAKTIONEN

Einige Reaktionen verbrauchen mehr Energie, um die chemischen Bindungen aufzubrechen, als sie später freisetzen. Bei diesen Reaktionen muss Energie – meist in Form von Wärme – aus der Umgebung zugeführt werden. Eine Kühlpackung, die z. B. bei Prellungen angewandt wird, enthält Wasser und Ammoniumchlorid. Wird die Packung aufgebrochen, vermischen sich die beiden Substanzen und reagieren miteinander. Dabei entziehen sie dem Körper Wärme – daher die kühlende Wirkung.

❻ REAKTIONSGESCHWINDIGKEIT

Die Geschwindigkeit chemischer Reaktionen hängt von verschiedenen Dingen wie der Temperatur, der Größe der Teilchen oder der Lichtmenge ab. Die meisten Reaktionen laufen bei höheren Temperaturen schneller ab, weil sich die Teilchen schneller bewegen. Viele Feststoffe reagieren schneller, wenn sie in kleine Stücke zerteilt werden, weil viele kleine Teile eine größere Oberfläche haben als ein ganzes Stück. Diese Gabel aus abbaubarem Kunststoff ist aus Mais hergestellt und zersetzt sich in nur 45 Tagen. Viele andere Kunststoffe brauchen dagegen viele Jahre, bis sie abgebaut sind.

❼ KATALYSATOREN

Ein Katalysator ist ein Stoff, der eine chemische Reaktion beschleunigt, dabei aber selbst nicht verbraucht wird. Die meisten Katalysatoren binden einen Ausgangsstoff vorübergehend an sich, damit der andere leichter reagieren kann. Die Katalysatoren in Fahrzeugen bestehen aus Platin, Palladium und Rhodium. Diese Elemente reagieren mit den giftigen Abgasen aus dem Benzinmotor und wandeln dabei Stickoxide und Kohlenmonoxid in Kohlendioxid und ungefährlichen Stickstoff und Sauerstoff um.

Ein Bunsenbrenner verbrennt Methan und erzeugt dabei Kohlendioxid und Wasser.

GEMISCHE UND VERBINDUNGEN

Gemische sind Dinge wie der Erdboden, Schlamm oder Tinte, die aus mehreren Stoffen bestehen. Die Atome, Moleküle oder Teilchen der verschiedenen Bestandteile sind zwar sehr gut durchmischt, aber nicht durch chemische Bindungen verbunden. Im Gegensatz dazu entstehen Verbindungen immer durch die chemische Reaktion verschiedener Atome oder Moleküle, die dabei chemische Bindungen eingehen und einen neuen Stoff bilden.

❶ VERBINDUNGEN
Die Elemente einer Verbindung liegen meist in festen Anteilen vor. Ein Becher Wasser (unten) enthält Moleküle aus jeweils zwei Wasserstoffatomen und einem Sauerstoffatom. Verbindungen lassen sich nicht wie Gemische trennen. Die Bindungen zwischen den Atomen müssen durch eine Reaktion aufgespalten werden. Oft besitzen Verbindungen ganz andere Eigenschaften als ihre Ausgangselemente. Normales Kochsalz (Natriumchlorid) besteht z. B. aus dem silbrigen Metall Natrium und dem farblosen Gas Chlor.

❷ POLYMERE
Polymere sind Verbindungen, in denen viele gleiche Grundeinheiten lange Ketten bilden. Einige Polymere kommen in der Natur vor, wie z. B. die DNA und Zellulose (unten), aus der die Zellwände der Pflanzen bestehen. Andere Polymere wie Polyvinylchlorid (PVC) und Nylon sind dagegen künstlich. Ein Molekül Polyethylen besteht zwar nur aus den beiden Elementen Kohlenstoff und Wasserstoff, dafür kann es aber bis zu 200 000 Kohlenstoffatome enthalten.

❸ LÖSUNGEN
Lösungen sind einheitliche Gemische, in denen zwei oder mehr Stoffe gleichmäßig verteilt sind. Der Stoff, in dem sich die anderen lösen, ist das Lösungsmittel. Unsere Atemluft ist eine gasförmige Lösung aus Sauerstoff und anderen Gasen in dem Lösungsmittel Stickstoff. Bei den meisten Lösungen sind Gase oder Feststoffe in einer Flüssigkeit gelöst. In einer normalen Infusion mit Kochsalzlösung (rechts) sind 0,9 % Natriumchlorid (Kochsalz) in sterilem Wasser gelöst. Sie wird Patienten im Krankenhaus verabreicht, damit sie nicht austrocknen.

❹ FESTE LÖSUNGEN
Feste Lösungen sind z. B. Mischkristalle oder Legierungen. Die Atome des einen Stoffs sind überall zwischen denen des anderen Stoffs verteilt. Verschmilzt man mehrere Metalle miteinander und lässt sie aushärten, erhält man eine Legierung. Duraluminium ist eine Legierung aus 90 % Aluminium mit Kupfer, Mangan und Magnesium. Das leichte, aber sehr stabile Material wird im Flugzeugbau verwendet.

5 GEMISCHE TRENNEN

Es gibt viele Methoden, um Gemische zu trennen. Eisenspäne kann man mit einem Magneten aus dem Sand ziehen, weil der Sand nicht magnetisch ist. In einer Zentrifuge werden Probenröhrchen mit hoher Geschwindigkeit im Kreis gedreht. So trennt man Gemische aus Bestandteilen mit unterschiedlicher Dichte. Die Stoffe bilden Schichten in den Röhrchen – der dichteste Stoff ganz unten, die anderen der Reihe nach darüber.

6 DESTILLATION UND CHROMATOGRAFIE

Erwärmt man ein flüssiges Gemisch, verdampft die Flüssigkeit mit dem niedrigeren Siedepunkt, sodass die andere Flüssigkeit zurückbleibt. Dieses Verfahren nennt man Destillation. Es dient z. B. dazu, Alkohol von Wasser zu trennen. Mithilfe der Papierchromatografie trennt man Gemische aus farbigen Verbindungen wie Tinte. Da sich die Moleküle der verschiedenen Farben in dem Lösungsmittel unterschiedlich gut lösen, wandern sie auch unterschiedlich schnell und werden so getrennt.

7 VERDAMPFUNG

Bei der Verdampfung ändert eine Flüssigkeit ihren Aggregatzustand und wird gasförmig oder zu Dampf. Man kann damit z. B. Flüssigkeit aus einer Lösung entfernen, sodass nur der Feststoff zurückbleibt. Nachdem das Wasser in einer Kupfersulfatlösung verdampft ist, bleiben die Kupfersulfatkristalle zurück. Bei der Gewinnung von Meersalz verdampft das salzhaltige Meerwasser in großen Becken. Zurück bleibt nur das Salz, das zu großen Hügeln zusammengeharkt wird.

Der Zentrifugenrotor dreht sich und presst Substanzen mit hoher Dichte nach außen.

5

Die Stoffe trennen sich und bilden farbige Bänder.

6

Salzhügel aus verdampftem Meerwasser. 1 l Meerwasser enthält etwa 30 g Salz.

7

SÄUREN, BASEN UND SALZE

Säuren und Basen sind zwar chemische Gegensätze, sie hängen aber eng zusammen. Säuren geben positiv geladene Wasserstoffionen (H+) ab, wenn sie in Wasser gelöst sind. Basen dagegen können diese Wasserstoffionen aufnehmen, weil sie in wässriger Lösung einen Überschuss von negativ geladenen Hydroxylionen (OH-) abgeben. Eine Base, die in Wasser löslich ist, heißt Lauge. Säuren und Basen reagieren sehr leicht miteinander, und aus diesen Reaktionen entstehen viele nützliche Stoffe in der Nahrungsmittelindustrie sowie in der chemischen und der Metallindustrie.

❹ **pH-Wert** Die Abkürzung pH steht für „Kraft des Wasserstoffs" und ist eine einheitslose Skala zwischen 0 (extrem sauer) und 14 (stark basisch). Der pH-Wert ist ein Maß für die Konzentration der Wasserstoffionen in einer Lösung. Reines Wasser hat den neutralen pH-Wert 7 – es ist weder sauer noch basisch. Jeder pH-Wert auf der Skala ist jeweils 10-mal saurer oder basischer als der vorherige Wert.

❶ **Indikatoren** Mit verschiedenen Indikatoren wird gemessen, wie sauer oder basisch eine Lösung ist. Lackmuspapier verfärbt sich bei Säuren rot und bei Basen blau. Ein bekannter Indikator zu Hause ist Rotkohlsaft, der den Stoff Flavin enthält. Eine starke Base färbt die Flüssigkeit grünlichgelb, während sie durch eine starke Säure wieder rot wird.

❸ **Säuren – Essig** Essig ist vermutlich die älteste Säure. Die meisten Säuren haben einen starken, sauren Geschmack wie Essig (unten) oder Zitronensaft. Tafelessig besteht hauptsächlich aus Wasser, das nur ungefähr 5 % Essigsäure enthält. Diese kleine Menge genügt bereits für den typisch sauren Essiggeschmack.

❺ **Basen und Fette** Basen fühlen sich seifig an und reagieren mit Fetten wie Butter, indem sie sie auflösen. Deshalb sind in starken Haushaltsreinigern auch häufig Basen enthalten. Natriumhydroxid (NaOH), das auch Ätznatron genannt wird, dient als starke Base in der Papierindustrie. Außerdem ist es oft der Hauptbestandteil in Abflussreinigern und anderen Reinigungsmitteln.

❷ **Säuren – Schwefelsäure** Schwefelsäure (H_2SO_4) ist stark ätzend – sie frisst sich sogar durch Metalle. Sie dient als Trocknungsmittel, denn sie entfernt auf chemischem Weg Wasser aus vielen Stoffen, und sie ist eine der am häufigsten produzierten Säuren weltweit. Außerdem ist sie ein Ausgangsstoff für die Herstellung von Düngemittel, Lacken, Medikamenten, Farben und vielen anderen chemischen Produkten.

Butter wird durch Basen ranzig.
Zitronensaft enthält 4–7 % Zitronensäure. Sein pH-Wert liegt zwischen 2 und 3.
Die Essigsäure im Essig wird aus Ethanol gewonnen.
Warnhinweis für ätzende Stoffe
Reines Wasser hat den pH-Wert 7.
1
2
3
4
5
6

❻ **Säuren – Zitronensäure** Für den scharfen, spritzigen Geschmack in einigen Lebensmitteln und Getränken genügt schon eine kleine Menge Zitronensäure. Diese natürliche Säure kommt in Zitrusfrüchten wie Orangen, Zitronen und Limetten vor. Sie wird in der Nahrungsmittelindustrie, aber auch für Bad- und Küchenreiniger sowie für Weichspüler verwendet, damit die Seife besser schäumt.

❼ **Verseifung** Wenn bestimmte Säuren und Basen miteinander reagieren, entstehen Seifen – Salze der Fettsäuren. Diesen Prozess nennt man Verseifung. Bestimmte saure Substanzen wie Tierfette oder Olivenöl (unten) enthalten Fettsäuren. Wenn man diese Fettsäuren mit starken Basen wie Natriumhydroxid aufbricht (hydrolysiert), erhält man feste Seifen. Mit Kaliumhydroxid erhält man dagegen weiche Seifen.

❽ **Batterien** Säuren und Basen sind elektrische Leiter. Je stärker die Säure oder die Base ist, desto höher ist ihre Leitfähigkeit. Aus beiden Substanzen werden Batterien hergestellt. Ein wichtiger Bestandteil einer Alkalibatterie ist die Base Kaliumhydroxid (KOH). Alkalibatterien halten viel länger als gleich große Zinkchloridbatterien.

❾ **Salze – Quecksilbersulfid** Quecksilbersulfid (HgS) ist ein Salz aus Quecksilber und Schwefel. In der Natur kommt es entweder als grobes, schwarzes Pulver vor, das schwarze Quecksilbersulfid, oder als feines, helles, rotes Pulver, das rote Quecksilbersulfid. Das rote Salz wird hauptsächlich von Malern benutzt – sie nennen es Zinnoberrot.

❿ **Salze – Kaliumpermanganat** Kaliumpermanganat ($KMnO_4$) ist ein Salz, das sich in Wasser löst und violette Lösungen bildet. Es ist auch in Schwefelsäure löslich. Zu seinen vielen Anwendungen zählen die Wasseraufbereitung, Desinfektionsmittel, Pilzvernichtungsmittel sowie Industriereiniger und Bleichmittel.

⓫ **Salze – Kupfersulfat** Einige Säuren und Basen löschen ihre sauren und basischen Eigenschaften gegenseitig aus, wenn sie miteinander reagieren – diese Reaktion nennt man Neutralisation. Bei einer Neutralisation entsteht häufig ein Salz und Wasser. Unlösliche Metalloxide können mit Säuren lösliche Salze bilden. Schwefelsäure reagiert z. B. mit Kupfer-(II)-Oxid zu Kupfer-(II)-Sulfat mit seiner charakteristischen blauen Farbe.

⓬ **Basen – Natriumbikarbonat** Die milde Base Natriumbikarbonat ($NaHCO_3$) hat einen pH-Wert von ungefähr 8. Sie bildet beim Kochen mit sauren Stoffen wie Kakao, Joghurt, Zitronensaft oder Buttermilch Kohlendioxid, das den Teig aufgehen lässt. Die Base ist auch in vielen Tabletten gegen Sodbrennen enthalten, weil sie die Magensäure neutralisiert.

Natriumbikarbonat neutralisiert die Säure eines Bienenstichs.

Beide Quecksilbersulfide sind nicht in Wasser löslich.

Blaue Kupfer-(II)-Sulfatkristalle entstehen aus einer Kupfer-(II)-Sulfatlösung.

Alkalibatterien

Kaliumpermanganat reagiert mit Hydrochlorsäure zu Chlor.

Autobatterien enthalten Schwefelsäure.

MATERIALFORSCHUNG

Die Menschen arbeiten seit Jahrtausenden mit Materialien und entwickeln sie immer weiter. Frühe Kulturen entdeckten, wie man aus Ton Keramik brennt, Glas herstellt und bestimmte Metalle wie Eisen, Silber, Zinn und Kupfer schmilzt und verarbeitet. Die moderne Forschung entwickelt immer bessere Herstellungsmethoden oder auch neue Anwendungen für alte Materialien. Außerdem werden immer wieder neue Materialien mit nützlichen Eigenschaften und Anwendungen erzeugt.

▼ KUNSTSTOFFE

Kunststoffe, die aus Erdöl produziert werden, werden sehr häufig verwendet und sind sehr vielseitig. Die meisten Kunststoffe reagieren nicht mit anderen Stoffen und eignen sich deshalb gut als Behälter für reaktive Flüssigkeiten. Moderne Kunststoffe sind leicht, wasserfest und isolieren gut gegen Strom und Wärme. Sie lassen sich sehr gut formen, z. B. in dünne Folien oder komplizierte Teile.

▶ VERARBEITUNG VON ROHSTOFFEN

Viele Stoffe aus der Natur müssen vor ihrer Verwendung noch aufbereitet werden. Erdöl wird z. B. in riesigen Türmen durch ein Trennverfahren, die fraktionierte Destillation, „gecrackt" (zerteilt). In den Türmen wird das Erdöl in einzelne Stoffe mit unterschiedlichen Siedepunkten getrennt, die sogenannten Fraktionen. Die Fraktionen mit den niedrigsten Siedepunkten wie Petroleum steigen auf, während die mit höheren Siedepunkten nach unten sinken, z. B. Schweröl und Bitumen.

Mehr als 80 % der leichten Fraktion werden als Treibstoffe wie Benzin genutzt.

◀ PETROLEUM

Eine der leichtesten Fraktionen, die bei der fraktionierten Destillation des Erdöls gewonnen wird – das Petroleum –, ist gleichzeitig auch die begehrteste. Diese Flüssigkeit wird vorwiegend als Treibstoff für Automotoren gebraucht, sie hat aber noch viele andere Anwendungen, z. B. in Reinigungsmitteln und Kunststoffen. In den USA wurden im Jahr 2009 täglich 18 686 000 Barrel – jedes Barrel enthält 159 l – Petroleum verbraucht.

▶ BITUMEN

Bitumen ist die schwerste Fraktion des Erdöls. Der dicke, ölige Stoff hat einen Siedepunkt von mehr als 525 °C und wird in vielen wasserfesten Materialien wie Teerpappe eingesetzt. Bitumenasphalt dient als Straßenbelag, denn er bildet eine glatte, schwer abnutzbare Oberfläche.

▲ LEGIERUNGEN

Eine Legierung ist eine Mischung aus zwei oder mehr Metallen oder eines Metalls mit anderen Stoffen. Eine Mischung aus Kohlenstoff und Eisen ergibt die am weitesten verbreitete Legierung, den Stahl. Legierungen haben andere Eigenschaften als die Ausgangsmaterialien. Aluminium ist leicht, aber relativ weich. Es wird aber härter, wenn man es mit anderen Metallen wie Kupfer legiert.

▼ GLASHERSTELLUNG

Glas wird aus Silikaten aus Sand sowie aus Natriumkarbonat, Kalkstein und anderen Stoffen hergestellt, die zusammen in einem Ofen erhitzt werden. Glas lässt sich vielseitig formen. Man kann es in Formen gießen, zu großen, flachen Scheiben rollen oder mit dem Mund z. B. zu Kugeln blasen. Gibt man kleinere Mengen anderer Materialien dazu, erhält Glas unterschiedliche Eigenschaften. Bor macht Glas feuerfest, während es durch die Zugabe von Blei durchsichtiger wird.

▼ IM BUNDE

Verbundwerkstoffe vereinen die nützlichen Eigenschaften von zwei oder mehr Materialien in sich. Aus dünnen Kohlefasern werden Polymere wie Epoxyharze, Polyester und Nylon. Diese Werkstoffe sind äußerst stabil, aber trotzdem leicht, und werden deshalb gern in der Flugzeugindustrie eingesetzt. Das Modell 281 Proteus ist ein Forschungsflugzeug, das fast vollständig aus stabilen, aber leichten Verbundwerkstoffen besteht.

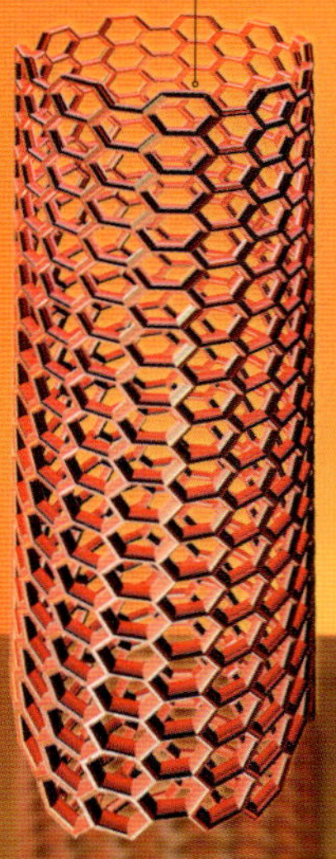

Ein Glasbläser formt das rote, heiße und flüssige Glas durch ein langes Rohr.

Nanoröhrchen aus Kohlenstoff sind dünner als 1/50 000-stel eines menschlichen Haars.

Der Proteus hat eine Flügelspanne von 22 m, er wiegt aber nur 2676 kg.

NANOTECHNOLOGIE ▲

Diese Technik beschäftigt sich mit Materialien, die nur wenige Nanometer groß sind. Ein Nanometer entspricht einem Milliardstel Meter. Die letzte Errungenschaft heißt Graphen – eine Schicht dicht gepackter Kohlenstoffatome, die nur ein Atom dick ist. Graphen wird zu Nanoröhrchen aufgerollt. Diese Materialien sind sehr stabil und sollen in der Zukunft Anwendung in der Elektronik und in mikroskopisch kleinen Nanomaschinen oder Nanorobotern finden.

◀ RECYCLING

Das Sammeln und Aufbereiten von Abfall zu neuen Produkten und Materialien nennt man Recycling. Aluminiumdosen, Glasflaschen und Papier werden bereits recycelt. Jährlich werden Millionen gebrauchter Autoreifen entsorgt, die man ebenfalls wiederverwenden kann. Viele Reifen werden zu Granulat geschreddert. Aus diesem Material kann man Schuhsohlen oder einen Belag für Spielplätze herstellen.

Besteck wird aus Edelstahl hergestellt, einer Stahllegierung mit Zusatz von Chrom und Nickel.

▶ FORMGEDÄCHTNIS-LEGIERUNGEN

Die Materialforschung hat Legierungen entwickelt, die sich scheinbar an ihre ursprüngliche Form erinnern, nachdem sie durch Wärme gebogen, verformt oder gestreckt wurden. Formgedächtnis-Legierungen sind vielseitig anwendbar. Beispielsweise bestehen mehr als die Hälfte aller Stents (Gefäßstützen, die Blutgefäße offen halten) aus der Legierung Nitinol.

NERVENKITZEL
Achterbahnen jagen Besucher auf einer nervenzerreißenden Fahrt durch mehrere Loopings. Auf dem rasanten Weg durch die Kurven wirken verschiedene Kräfte auf die Wagen und Besucher.

Energie und Kräfte

Eine Herdplatte wandelt elektrische Energie in Wärme und Licht um.

Die Saiten eines Tennisschlägers werden durch den Ball gedehnt und erhalten so potenzielle Energie.

❶ ENERGIEFORMEN

Diese Läufer wandeln die potenzielle chemische Energie aus der Nahrung in Bewegungsenergie (unten) um. Ihre Bewegungen erzeugen außerdem Wärme und Schall. Viele Geräte verbrauchen elektrische Energie. Diese wird dann ebenfalls in andere Energieformen umgewandelt, wie z. B. bei einem Ventilator, einer Glühlampe oder einer Türklingel.

ENERGIE

Energie ist die Fähigkeit, Arbeit zu verrichten. Alle Lebewesen brauchen Energie zum Leben und Wachsen. Sie erhalten sie aus der Nahrung, die sie verdauen und in verwertbare Stoffe umwandeln. Energie kann nicht vernichtet, sondern nur übertragen werden, etwa wie beim Fußball: Wenn man mit dem Fuß Energie auf den Ball überträgt, bewegt er sich vorwärts. Energie kann auch von einer Energieform in eine andere übergehen – so wie bei den Saiten einer Gitarre, die aus Schwingungen (Bewegungsenergie) Schall erzeugen.

❷ BEWEGUNGSENERGIE

Dinge, die sich bewegen, wie z. B. ein Stuntman, der auf einem Motorrad durch die Luft fliegt, haben Bewegungsenergie (kinetische Energie). Sie ist abhängig von Masse und Geschwindigkeit: Je größer die Masse des Gegenstands und je schneller er ist, desto größer ist auch seine Bewegungsenergie.

❸ POTENZIELLE ENERGIE

Energie, die ein Gegenstand aufgrund seiner Chemie, Position oder seines Zustands besitzt, nennt man potenzielle Energie. Wer z. B. einen Tennisball in die Luft schlagen will, muss Energie aufbringen, um die Schwerkraft zu überwinden. In der Luft besitzt der Ball die potenzielle Energie der Erdanziehungskraft, die er in Bewegungsenergie umwandelt, wenn er wieder auf den Platz fällt.

Bei der Verbrennung von Kohle wird chemische Energie freigesetzt, die ursprünglich von Pflanzen erzeugt wurde.
Eine einzige Atombombe setzt die gleiche Energiemenge frei wie Millionen Tonnen hochexplosiver Sprengstoff.
Kernfusionen finden im Zentrum der Sonne statt.
62
27
84
13

❹ ELASTISCHE ENERGIE

Elastische Energie ist die potenzielle Energie von zusammengedrückten, gedehnten oder verbogenen Gegenständen. Stabhochspringer benutzen einen langen, biegsamen Stab. Er biegt sich durch und nimmt einen Teil der Energie des Anlaufs auf. Wenn sich der Stab entspannt, setzt er die gespeicherte Energie als Bewegungsenergie frei und hebt den Springer nach oben.

❺ CHEMISCHE ENERGIE

In Stoffen ist viel Energie gespeichert, die sie nur durch chemische Reaktionen wieder freisetzen können. Beispiele sind die Verwandlung der Nährstoffe in Energie im Körper von Lebewesen, die Verbrennung von Holz, bei der Wärme und Licht entstehen, oder die Reaktionen der Chemikalien in einer Batterie, die Strom erzeugen.

❻ KERNFUSION

Als Kernfusion bezeichnet man die Verschmelzung von Atomkernen. Dabei werden riesige Mengen von Energie freigesetzt. Die Energie der Sonne stammt z. B. aus der Kernfusion. Die Forschung in diesem Bereich verspricht eine erneuerbare Energieform, bei der aus 1 kg Wasserstoff so viel Energie erzeugt wird wie aus 10 Mio. kg fossiler Brennstoffe.

❼ KERNSPALTUNG

Auch bei der Spaltung von Atomkernen entstehen enorme Energiemengen. Diese Methode wird sowohl für zerstörerische Waffen als auch zur Gewinnung von Strom eingesetzt. In Atomkraftwerken werden Atomkerne des Isotops Uran-235 gespalten. Durch die große Hitze wird Wasserdampf erzeugt, der Turbinen zur Stromerzeugung antreibt.

KRÄFTE

Überall wirken Kräfte – auf den Apfel, der zu Boden fällt, ebenso wie auf ein bremsendes Auto. Kräfte üben Zug oder Schub auf Dinge aus, sie beschleunigen, verlangsamen oder stoppen Be-wegungen und verformen Gegenstände. Manche sind klein und wirken nur örtlich, andere wirken aber auch über gewaltige Entfernungen: Die Schwerkraft der Erde hält den Mond in 384 400 Kilometer Entfernung auf seiner Umlaufbahn.

Der Mond hat einen Durchmesser von 3476 km und weitaus weniger Masse als die Erde.

▼ REIBUNG

Wenn zwei Dinge aneinander reiben, erzeugen sie eine Kraft, die ihre Bewegung bremst. Diese Kraft, die Reibung, entsteht, weil Oberflächen nicht einheitlich und glatt sind. Schuhe und Fahrradreifen haften durch die Reibung am Boden und können sich abdrücken. Außerdem bewirkt die Reibung, dass Dinge in Bewegung gebremst werden oder dass Dinge haften bleiben – und sie erzeugt Wärme.

Die Bremsblöcke erzeugen Reibung auf der Felge und bremsen dadurch das Rad.

▲ SCHWERKRAFT

Die Anziehungskraft zwischen zwei Gegenständen heißt Schwerkraft. Bei Gegenständen mit geringer Masse ist diese Kraft kaum spürbar, aber Gegenstände mit großer Masse wie die Erde ziehen andere Dinge zu ihrer Oberfläche hinunter. Alle Dinge, die auf die Erde fallen, unterliegen – unabhängig von ihrer Masse – derselben Beschleunigung, nämlich $9{,}8\,m/s^2$. Wer einen Gegenstand anheben will, muss dazu die Erdanziehungskraft überwinden.

REIBUNG VERRINGERN ▼

Reibung lässt sich auf mehrere Arten verringern. Bewegliche Oberflächen kann man schmieren, d. h. mit einer dünnen Schicht Öl oder Puder überziehen. Auch Rollen vermindern die Reibung ein wenig. Eine Murmel rollt deshalb leicht, weil immer nur ein kleiner Teil ihrer Oberfläche den Untergrund berührt.

◀ KOMBINIERTE KRÄFTE

Meist wirken ständig mehrere Kräfte auf einen sich bewegenden Gegenstand. Wenn zwei Kräfte in entgegengesetzte Richtungen an einem Gegenstand ziehen, lässt sich die insgesamt wirkende Kraft berechnen, indem man die kleinere von der größeren Kraft abzieht. Ein Fallschirmspringer wird von der Schwerkraft angezogen. Sein Fallschirm erzeugt jedoch einen großen Luftwiderstand, der den Fall abbremst.

Die Rotorblätter eines Hubschraubers erzeugen den Auftrieb.

▲ GLEICHGEWICHT DER KRÄFTE

Sitzt man auf einem Stuhl, wird die Kraft des eigenen Körpergewichts durch die nach oben gerichtete Kraft des Stuhls ausgeglichen. Dieser Zustand ist ein Kräftegleichgewicht. Kräfte, die sich ausgleichen, ändern die Geschwindigkeit oder Richtung eines sich bewegenden Gegenstands nicht. Ein Hubschrauber kann in der Luft stehen bleiben, weil der Auftrieb durch die Rotorblätter die Schwerkraft ausgleicht.

Durch den Druck der Schlittschuhe schmilzt das Eis. Es entsteht eine dünne Wasserschicht, auf der die Eistänzerin gleitet.

▲ DRUCK

Druck ist eine Kraft, die auf eine Fläche wirkt. Wie hoch der Druck ist, hängt von der Größe der Kraft und der Größe der Fläche ab. Wirkt eine bestimmte Kraft auf eine kleine Fläche, ist der Druck stärker als bei einer größeren Fläche. Die Kraft des Körpergewichts der Eisläuferin wirkt auf die sehr kleine Fläche ihrer Kufen, die sich in das Eis schneiden. Sie erzeugt also einen hohen Druck.

▼ LUFTWIDERSTAND

Der Luftwiderstand ist der Druck, den die Luft auf einen sich bewegenden Gegenstand ausübt. Luft und Gegenstand reiben aneinander, sodass der Gegenstand langsamer wird oder mehr Energie benötigt. Je schneller die Bewegung, desto höher der Luftwiderstand. Rennwagen und Flugzeuge sind stromlinienförmig gebaut, um den Luftwiderstand zu verringern.

Die flache Nase leitet die Luft über den Rennwagen.

BEWEGUNG

Bewegung bedeutet, dass ein Gegenstand in einer gewissen Zeit seinen Ort oder seine Position verändert. Wenn sich ein Gegenstand bewegt, wirkt mindestens eine Kraft auf ihn. Die Einheit der Kraft ist das Newton (N). Sie ist nach dem britischen Physiker Sir Isaac Newton (1643–1727) benannt. Er entwickelte die drei Bewegungsgesetze, die die Grundsätze von Impuls und Trägheit beschreiben und zeigen, dass jede Aktion eine gleich große, aber entgegengesetzte Reaktion hervorruft.

❶ GESCHWINDIGKEIT

Die durchschnittliche Geschwindigkeit eines Rennwagens errechnet sich aus der Strecke, die er zurückgelegt hat, geteilt durch die Zeit, die er dafür benötigt hat. Wenn der Rennwagen für eine 2,4 km lange Runde 1 Minute braucht, beträgt seine durchschnittliche Geschwindigkeit 144 km/h.

❷ BESCHLEUNIGUNG

Wenn ein Fahrzeug seine Geschwindigkeit erhöht und sich z. B. von einem nachfolgenden Auto entfernt, beschleunigt es. Die Beschleunigung ist die Änderung der Geschwindigkeit in einer bestimmten Zeit. Sie nimmt entweder zu oder ab. Abnehmende Beschleunigung nennt man auch Verlangsamung oder Bremsung.

❸ TRÄGHEIT

Dinge bewegen sich von Natur aus immer mit gleicher Geschwindigkeit in die gleiche Richtung oder sie verharren an einem Ort. Erst wenn eine Kraft auf sie einwirkt und ihre Trägheit überwindet, ändert sich dieser Zustand. Die Trägheit wird durch die Masse bestimmt. Ein Supertanker ist wesentlich träger als ein Boot, weil er mehr Masse besitzt und daher größere Kräfte erforderlich sind, um ihn zu bewegen.

❹ IMPULS

Sind alle Kräfte ausgeglichen, bewegt sich ein Gegenstand immer weiter, bis ihn eine neue Kraft stoppt. Der Gegenstand hat einen Impuls, der aus dem Produkt seiner Geschwindigkeit und seiner Masse besteht. Ein Torhüter stoppt z. B. den Impuls eines Fußballs abrupt mit der Kraft seiner Hände.

❺ AKTION UND REAKTION

Nach Newtons drittem Bewegungsgesetz erzeugt eine Kraft, die auf einen Körper wirkt, eine gleich große entgegengesetzte Kraft. Dieses Prinzip heißt Aktion und Reaktion. Die Düsen eines Flugzeugs erzeugen einen Strahl heißer Gase, die nach hinten strömen. Sie bewirken eine Reaktion, die das Flugzeug in die andere Richtung vorwärtstreibt.

❻ DREHMOMENT

An einem Drehpunkt oder Angelpunkt wie den Scharnieren einer Tür tritt eine Drehbewegung auf. Das Drehmoment errechnet sich aus der Kraft multipliziert mit dem Abstand der Kraft zum Drehpunkt. Je weiter entfernt vom Drehpunkt eine Kraft also ansetzt, desto größer ist das Drehmoment am Drehpunkt. Deshalb kann man Schrauben mit einem langen Schraubenschlüssel leichter lösen.

4

6

EINFACHE MASCHINEN

Einfache Maschinen sind Geräte aus einem oder mehreren Bauteilen, die eine Arbeit erleichtern. Mit einer Pinzette kann man beispielsweise seine Kraft gezielter einsetzen. Viele einfache Maschinen verstärken die Kraft, die ein Mensch mit seinen Muskeln aufbringen kann. Sogar eine Stange oder ein starker Ast kann als einfache Maschine dienen. Man nennt sie Hebel und man kann damit zum Beispiel schwere Steine bewegen.

❶ GENEIGTE EBENE

Eine geneigte Ebene ist eine einfache Maschine, die aus einer ansteigenden Fläche besteht. Sie dient häufig dazu, schwere Lasten anzuheben, so wie diese Rampe zum Container. Man kann die Last zwar leichter die Rampe hinaufbefördern, muss aber dafür einen längeren Weg in Kauf nehmen. Über eine Rutsche ins Wasser zu gleiten ist auch sicherer als zu springen – und der Aufprall ist sanfter.

❷ RÄDER

Das Rad ist eine der wichtigsten Erfindungen der Menschheit. Es förderte den Transport und die Entwicklung von Maschinen. Ein Rad sitzt auf einer Achse. Wird die Achse gedreht, dreht sich das Rad mit. Weil aber das Rad einen größeren Radius besitzt, legt es eine größere Strecke zurück als die Achse. Ein Schraubendreher nutzt den umgekehrten Effekt: Der Griff ist die Achse, die Klinge beschreibt einen kleineren Kreis und hat daher mehr Kraft.

Die Last wird in einer Schubkarre transportiert.

❸ ZAHNRÄDER

Mithilfe von Zahnrädern wird entweder eine Kraft übertragen oder die Größe oder Richtung einer Drehkraft verändert. Eine Fahrradkette überträgt die Kraft des Kettenblatts auf den Zahnkranz am Hinterrad. Die kleineren Zahnräder des Zahnkranzes drehen sich im Vergleich zum Kettenblatt häufiger. Sie benötigen aber mehr Kraft und werden deshalb nur für höhere Geschwindigkeiten genutzt.

Die Achse des Kettenblatts wird von den Pedalen angetrieben.

Der Ausleger wirkt beim Heben oder Senken von Lasten als Hebel.
7
5
Der Hubmechanismus enthält Rollen, damit der Kran schwerere Lasten heben kann.
Der Angelpunkt, um den sich die Wippe dreht, befindet sich in der Mitte.
4
6
8
Die Last wird mit einer Schaufel gehoben, bei der die linke Hand als Drehpunkt dient.

5 ROLLEN

Eine Rolle ist ein Rad auf einer Achse, um das ein Seil, Kabel, Draht oder eine Schnur läuft. Eine einzelne Rolle ändert nur die Richtung der Bewegung. Man kann dann das Seil nach unten ziehen, um die Last hochzuheben. Benutzt man dagegen mehrere Rollen, wie bei einem Flaschenzug, legt das Seil eine längere Strecke zurück, sodass sich die nötige Kraft verringert. Deshalb kann man mit einem Flaschenzug schwerere Lasten heben.

7 KOMPLEXE MASCHINEN

Verbundmaschinen bestehen aus mehreren einfachen Maschinen, die zusammenwirken. Die Schubkarre ist ein Hebel mit einem Rad und einer Achse. Ein Kran (links) besitzt Rollen und den langen Hebel seines Auslegers, um große Lasten zu heben. Der Hubmechanismus wird von einem Motor auf und ab bewegt, der Zahnräder enthält. Mithilfe der großen Drehscheibe auf dem Unterbau schwenkt der Kran nach links und rechts.

4 HEBEL – SCHUBKARRE

Ein Hebel ist eine Stange, die sich um einen Dreh- oder Angelpunkt dreht, um eine Last zu bewegen. Je nachdem, ob die Last und die Kraft auf derselben Seite des Drehpunkts ansetzen oder nicht, unterscheidet man einseitige und zweiseitige Hebel. Eine Schubkarre ist ein einseitiger Hebel, weil die Last (Steine) und die Kraft (Anheben der Griffe) auf derselben Seite des Drehpunkts (dem Rad) ansetzen, nur in verschiedenen Abständen zu ihm.

6 HEBEL – WIPPE

Eine Wippe ist ein zweiseitiger Hebel, weil hier der Drehpunkt zwischen Last und Kraft liegt. Eine Wippe ist deshalb ungewöhnlich, weil Last und Kraft ungefähr gleich weit vom Drehpunkt entfernt sind. Kinder nutzen ihr Körpergewicht als Kraft, um zu wippen. Die meisten zweiseitigen Hebel, z. B. Scheren, verstärken die Kraft, weil deren Ansatzpunkt weiter vom Drehpunkt entfernt ist als der Ansatzpunkt der Last.

8 HEBEL – SCHAUFEL

Schaufeln sind wiederum einseitige Hebel. Die rechte Hand und der rechte Arm des Arbeiters heben die Last auf der Schaufel. Diese dreht sich um den Griff, den er mit seiner linken Hand hält. Last und Kraft wirken auf derselben Seite des Drehpunkts. Auch Unterarme sind einseitige Hebel, die wie eine Schaufel funktionieren. Die Kraft bringt der Bizeps (Oberarmmuskel) auf, die Last ist die Hand und den Drehpunkt bildet das Gelenk im Ellbogen.

ELEKTROMAGNETISCHES SPEKTRUM

Die Farben, die wir Menschen sehen können, bilden das sichtbare Licht. Es ist jedoch nur eine von zahlreichen Energieformen, die sich wellenförmig mit Lichtgeschwindigkeit, also mit 300 000 Kilometer pro Sekunde, ausbreiten. Diese Energieformen – von Radiowellen bis Gammastrahlen – bilden zusammen das elektromagnetische Spektrum. Alle Strahlen – bis auf das sichtbare Licht – sind unsichtbar, aber ihre Wirkungen lassen sich beobachten und untersuchen. Manche Strahlen sind energiereicher als andere und die verschiedenen Wellenlängen haben unterschiedliche Eigenschaften. Moderne Techniken nutzen sie für viele Anwendungen.

1

Gammastrahlen

Röntgenstrahlen

Ultraviolett

Sichtbares Licht

Wellenlänge

Infrarot

Mikrowellen

Radiowellen

1 WELLENLÄNGE

Jede Wellenart im elektromagnetischen Spektrum hat eine eigene Wellenlänge. Die Wellenlänge ist der Abstand zwischen zwei gleichen Abschnitten einer Welle, z. B. zwischen zwei Spitzen. Im Spektrum liegen die Längen zwischen mehreren Metern bei Radiowellen und einem milliardstel Meter bei Gammastrahlen. Die Frequenz ist die Rate, mit der eine Welle einen bestimmten Punkt passiert. Die Frequenzen des sichtbaren Lichts liegen zwischen 430 Billionen Wellen pro Sekunde für Rot und 750 Billionen Wellen pro Sekunde für Violett.

2 GAMMASTRAHLEN

Diese Strahlen entstehen beim radioaktiven Zerfall von Atomen. Sie haben die kürzesten Wellenlängen aller elektromagnetischen Wellen. Oft sind sie sogar kürzer als ein einzelnes Atom und extrem energiereich, sodass sie in hohen Dosen Menschen schädigen. In der Medizin dienen sie zum Sterilisieren von Instrumenten und zur Bestrahlung bei Krebs. Gammastrahlenscanner überprüfen Metalle auf Risse, suchen Brüche in Flugzeugrümpfen oder durchleuchten Gepäckcontainer nach blinden Passagieren.

2

An der Grenze wird ein Lastwagen mit Gammastrahlen durchleuchtet.

3

Ein Gemälde aus dem 16. Jh. wird mit Röntgenstrahlen auf Hinweise zu seiner Entstehung untersucht.

3 RÖNTGENSTRAHLEN

Seit der deutsche Physiker Wilhelm Conrad Röntgen (1845–1923) die Röntgenstrahlen zufällig bei einem Experiment entdeckte, wurden sie weiter erforscht und in der Medizin genutzt. Röntgenstrahlen dringen durch Gewebe wie Muskeln, aber nicht durch dichtere Substanzen wie Knochen, Zähne und Metalle. Ärzte können mit ihnen das Innere des Körpers sichtbar machen und so Krankheiten und Verletzungen entdecken. Außerdem werden mit Röntgenstrahlen Pipelines auf kaputte Verbindungen geprüft und übermalte Gemälde entdeckt.

❹ ULTRAVIOLETT
Ultraviolettstrahlen (UV) haben etwas kürzere Wellenlängen als sichtbares Licht und werden sehr vielseitig genutzt. Wenn UV-Strahlen auf bestimmte Stoffe fallen, leuchten sie im Dunkeln (fluoreszieren) oder geben sichtbares Licht ab. Die UV-Wasserzeichen auf diesen Geldscheinen (rechts) verhindern Fälschungen. Polizei und Gerichtsmediziner können mit ultravioletten Leuchten auch kleinste Blutspuren finden.

❺ INFRAROT
Zwischen dem sichtbaren Licht und den Mikrowellen liegt die Infrarotstrahlung. Sie wird von warmen Körpern wie Sternen und Lampen abgegeben. Infrarotaufnahmen sind Wärmebilder. Sie dienen z. B. zur Aufdeckung von Fehlern in elektronischen Geräten. Infrarot folgt im Spektrum dem Rot des sichtbaren Lichts und gibt Wärme ab. Die Strahlen werden über geringe Entfernungen auch für Fernbedienungen eingesetzt.

❻ RADIOWELLEN
Dieses Modellauto wird mithilfe von Radiowellen ferngesteuert, die Signale übertragen. Radiowellen besitzen die längsten Wellenlängen des Spektrums, zwischen etwa 10 cm bis zu Hunderten von Metern oder länger. Sie werden in vielen Bereichen zur drahtlosen Kommunikation eingesetzt, z. B. zur Übertragung von Fernseh- und Radioprogrammen und in Computernetzwerken (WLAN).

Die Fernbedienung funktioniert mit Infrarotstrahlen.

Die Antenne nimmt die Radiowellen der Fernsteuerung auf.

Der Kopfhörer empfängt Mikrowellen von einem Handy.

❼ SICHTBARES LICHT
Der Abschnitt des Spektrums, der das sichtbare Licht umfasst, besteht aus elektromagnetischen Wellen, die wir Menschen sehen können. Ein Regenbogen entsteht durch Sonnenlicht, das in Regentropfen gebrochen wird. Er zeigt alle Farben des sichtbaren Lichts. Jede Farbe hat eine andere Wellenlänge, wobei Rot die längsten und Violett die kürzesten Wellen aufweist. Alle Wellen zusammen ergeben weißes Licht.

❽ MIKROWELLEN
Sehr kurze Radiowellen, die Mikrowellen, werden in der Kommunikationstechnik zum Senden und Empfangen der GPS-Signale (Global Positioning System) genutzt. Auch Radargeräte arbeiten mit Mikrowellen. Manche Kopfhörer (links) nutzen Mikrowellen zum drahtlosen Telefonieren. In einem Mikrowellenherd werden Lebensmittel bestrahlt. Dadurch beginnen die Wassermoleküle in ihnen zu schwingen und erwärmen das Essen von innen heraus.

SCHALL

Beim Schlagen einer Trommel werden Energiewellen erzeugt, die schwingen, sich von ihrer Quelle ausbreiten und dabei mit der Zeit Energie verlieren. Schall braucht eine Quelle, die ihn erzeugt, und ein Medium, also einen Stoff, der ihn trägt. Außerdem braucht er einen Empfänger wie das menschliche Ohr, um gehört zu werden. Schall oberhalb des menschlichen Hörbereichs nennt man Ultraschall. In der Medizin werden damit Bilder von inneren Organen erzeugt und Babys im Mutterleib untersucht.

Der Gesang eines Buckelwals kann sich im Wasser weiter als 100 km ausbreiten.

Ein Spaceshuttle erzeugt beim Start einen Schallpegel von 180 Dezibel.

▲ SCHALLGESCHWINDIGKEIT

Die Geschwindigkeit, mit der sich Schall ausbreitet, hängt von der Dichte des Mediums ab. Auf Meereshöhe erreicht Schall eine Geschwindigkeit von 340 m/s. In einer Höhe von 10 000 m, in der die Luft weniger dicht ist, sinkt sie auf 300 m/s. In einem dichten Medium, z. B. in den dicht gepackten Molekülen des Wassers, breitet Schall sich schneller aus – und erreicht ungefähr 1500 m/s.

▲ AMPLITUDE

Das Maß für die Stärke (Intensität) des Schalls – das also angibt, wie viel Energie Schall besitzt – nennt man Amplitude. Eine Schallwelle mit höherer Energie hat eine größere Amplitude und ist lauter. Die Dezibelskala beschreibt die Lautstärke des Schalls. Sie beginnt mit leisem Flüstern von etwa 30 Dezibel und reicht bis zum Lärm eines Presslufthammers von 115 Dezibel. Mit jedem Anstieg um zehn Dezibel auf der Skala wird der Schall zehnmal lauter.

▼ FREQUENZ UND TONHÖHE

Die Frequenz des Schalls – also die Anzahl der Schwingungen, die der Schall pro Sekunde erzeugt –, wird in Hertz (Hz) gemessen. Schall mit hoher Frequenz schwingt häufiger pro Sekunde und erzeugt einen höheren Ton. Das menschliche Gehör nimmt tiefe Töne von 20 Hz bis zu hohen Tönen von 20 000 Hz (20 kHz) wahr. Der Hörbereich nimmt im Alter jedoch ab. Einige Tiere wie Hunde hören auch noch Töne oberhalb von 45 kHz und Fledermäuse können sogar Töne von 120 kHz wahrnehmen.

Durch die Öffnung unter den Saiten entweichen die Töne der Gitarre.

▲ KLINGENDE SCHWINGUNGEN

Die Schallwellen vieler Musikinstrumente schwingen in festen Materialien wie Holz ebenso wie in der Luft. Die Saiten einer Akustikgitarre erzeugen Schallwellen in der Luft. Da sie in der Luft aber keine starken Schwingungen hervorrufen, entstehen keine lauten Töne. Die Schwingungen breiten sich jedoch zusätzlich im Klangkörper der Gitarre aus, der den Schall verstärkt, bevor er aus dem Schallloch austritt.

Da Schaumstoff Schall schluckt, wird er in Aufnahmestudios genutzt.

◀ REFLEXION UND ABSORPTION

Glatte, harte Oberflächen reflektieren Schall und lenken ihn in eine andere Richtung ab. Ein Echo – das entsteht, wenn Schall reflektiert wird – erscheint mit Verzögerung, weil die Schallwellen zuerst hin- und dann wieder zurückwandern müssen. Echos sind häufig auch schwächer, weil nur ein Teil der Schallwellen reflektiert wird – die übrigen werden vom Material absorbiert. Bestimmte weiche Materialien wie Schaumstoff absorbieren Schall gut und werfen kein Echo zurück.

▶ MIKROFON

Ein Mikrofon wandelt Schall in elektrische Signale um. Diese kann man aufzeichnen, bearbeiten oder an einen Verstärker senden, der die Schallamplitude vergrößert. Mikrofone werden in verschiedenen Bauarten hergestellt. In diesem Kondensatormikrofon bringt Schall eine Membran zum Schwingen. Die Membran ist mit einem Kondensator verbunden, der verschiedene, von den Schwingungen abhängige, elektrische Signale erzeugt.

▼ RESONANZ

Die meisten Festkörper besitzen eine natürliche Frequenz oder auch mehrere Frequenzen mit gleicher Schwingungszahl, die man Resonanzfrequenz nennt. Wenn Schall derselben Frequenz in der Nähe des Körpers entsteht, nimmt er die Energie der Schallwelle auf und schwingt selbst. Ein Weinglas schwingt bei seiner Resonanzfrequenz bis zu dem Punkt, an dem sich das Glas zu stark verbiegt und zerbricht.

▼ LAUTSPRECHER

Die elektrischen Signale eines Instruments oder einer Stereoanlage erreichen eine Metallspule im Lautsprecher und verwandeln ihn in einen Elektromagneten, der ein schwankendes Magnetfeld erzeugt. Dieses Feld versetzt eine Membran, die an einem Papier- oder Plastikkegel sitzt, in Schwingungen. Dadurch entstehen Schallwellen, die die ursprünglichen Töne wiederherstellen und verstärken. Boxen haben mehrere Lautspecher, damit sie hohe und tiefe Töne besser wiedergeben können.

Ein Weinglas zerbricht, wenn lauter Schall seiner Resonanzfrequenz entspricht.

WÄRME

Wärme ist eine Form von Energie, gemessen in Kalorien oder Joule. Eine Kalorie ist die Wärmemenge, die nötig ist, um 1 Gramm Wasser um 1 °C zu erwärmen. Eine Kalorie entspricht 4,1855 Joule. Bei zwei unterschiedlich warmen Körpern wird die Wärme immer vom wärmeren auf den kälteren übertragen. Auch die Aggregatzustände von Stoffen verändern sich durch Wärme. Wird ein Feststoff immer weiter erwärmt, schmilzt er und wird zuerst flüssig und anschließend gasförmig.

▲ STRAHLUNG

Energetische Teilchen, die sich wellenförmig ausbreiten, übertragen Energie durch Strahlung (siehe S. 92–93). Die Wärmestrahlung von warmen und heißen Körpern heißt Infrarotstrahlung. Je wärmer der Körper, desto mehr Energie gibt er ab. Der wärmste Körper des Sonnensystems, die Sonne, wärmt die Erde täglich mit ungeheuren Mengen von Infrarotstrahlung.

Die Ballonhülle ist mit heißer Luft gefüllt, sodass der Ballon aufsteigt.

▲ AUSDEHNEN UND ZUSAMMENZIEHEN

Wenn die Wärme ansteigt, dehnen die Stoffe sich aus und nehmen ein größeres Volumen ein. Die heiße Luft des Brenners in einem Heißluftballon füllt die Ballonhülle. Weil sie eine geringere Dichte besitzt als die kühlere Umgebungsluft, steigt sie auf und nimmt den Ballon mit in die Höhe. Bei Abkühlung ziehen sich die Stoffe dagegen zusammen und nehmen ein kleineres Volumen ein. Große Brücken enthalten Dehnungsfugen, die die Längenänderungen des Materials bei Temperaturschwankungen auffangen.

▼ WÄRMEMESSUNG

Die Temperatur ist ein Maß dafür, wie schnell sich die Moleküle in einem Stoff bewegen. Sie wird mit Thermometern gemessen. Einige Thermometer enthalten flüssiges Quecksilber, das sich bei steigenden Temperaturen ausdehnt und in einer Säule mit einer Skala aufsteigt. Fällt die Temperatur dagegen, zieht sich das Metall zusammen und sinkt nach unten. Elektronische Thermometer messen mit Temperaturfühlern den elektrischen Widerstand, der mit steigender Temperatur zunimmt. Es gibt verschiedene Thermometer mit unterschiedlichen Temperaturskalen.

Die Celsius-Skala misst die Temperatur in 100 Einheiten zwischen dem Gefrierpunkt (0 °C) und dem Siedepunkt von Wasser (100 °C).

120 °F auf der Fahrenheit-Skala entsprechen genau 48,89 °C.

Drachenflieger steigen mit kreisenden Konvektionsströmen warmer Luft auf.

◀ WÄRMESTRÖMUNG

In Flüssigkeiten, in der Luft oder in anderen Gasen wird Wärme durch Wärmeströmung (Konvektion) übertragen. Wird Luft erwärmt, verteilen sich ihre Moleküle über einen größeren Raum. Dadurch sinkt ihre Dichte und die Luft steigt auf. Ihr Platz wird von kühlerer Luft eingenommen, die dann selbst erwärmt wird und aufsteigt, während die wärmere Luft Wärme abgibt, je höher sie steigt, und dadurch wieder absinkt. Dieser Wechsel zwischen Erwärmung und Abkühlung erzeugt einen Kreislauf von Konvektionsströmen in der Luft.

Warme Kleidung wie diese Daunenjacke schließt warme Luft in Körpernähe ein und verringert den Wärmeverlust.

◀ ISOLATOREN

Einen Stoff, der Wärme nicht leitet, nennt man Isolator. In vielen Situationen will man Wärme speichern und verhindern, dass sie abgegeben wird. Weil Kunststoff, Gummi und Holz gut isolieren, werden sie häufig für Griffe von Pfannen und Töpfen verwendet, damit sich der Koch nicht die Hände verbrennt. Luft ist ebenfalls ein guter Isolator. Tierfell hält die warme Luft in der Nähe des Tierkörpers zurück, um die Haut warm zu halten.

Ein Metalltopf leitet die Wärme gut und gleichmäßig, sodass das Wasser schnell kocht.

◀ WÄRMELEITUNG

Die Wärmeübertragung von Teilchen zu Teilchen oder von Molekül zu Molekül nennt man Wärmeleitung (Konduktion). Feststoffe sind meist bessere Wärmeleiter als Gase, weil ihre Moleküle dichter aneinanderliegen. Die Moleküle in der Nähe der Wärmequelle nehmen Energie auf und schwingen stärker. Dabei übertragen sie einen Teil ihrer Energie auf benachbarte Moleküle. Metalle sind sehr gute Wärmeleiter und werden daher für Kochtöpfe, Lötkolben und Heizelemente in Kochherden verwendet.

LICHT

Das sichtbare Licht liegt zwischen den infraroten und ultravioletten Wellen des elektromagnetischen Spektrums. Die elektromagnetischen Wellen des Lichts werden vorwiegend von warmen Körpern wie der Sonne oder einer Glühlampe ausgestrahlt. Auch bei manchen chemischen Reaktionen wie beispielsweise Verbrennungen wird Licht erzeugt. Nichts bewegt sich schneller als das Licht, das sich geradlinig in alle Richtungen ausbreitet, seine Kraft aber mit zunehmender Entfernung verliert. Im Gegensatz zu Schall breitet sich Licht auch im Vakuum aus.

▲ LICHTDURCHLÄSSIGKEIT

Einige Materialien wie Fensterglas sind lichtdurchlässig oder transparent. Lichtstrahlen können ungehindert durch sie hindurchdringen. Andere Materialien wie Holz oder Metalle blockieren hingegen sämtliche Lichtstrahlen. Durchscheinende Materialien wie manche Objektivfilter und Papiertücher lassen nur wenige Lichtstrahlen durch, die sie zudem in alle Richtungen streuen.

▼ LICHTBRECHUNG

Licht breitet sich in verschiedenen Materialien oder Medien mit unterschiedlicher Geschwindigkeit aus. In Wasser und Glas ist Licht etwas langsamer als in der Luft. Bei der Lichtbrechung (Refraktion) werden Lichtstrahlen gebrochen, weil sich ihre Geschwindigkeit beim Eintritt in ein anderes Medium ändert. Schwimmbecken erscheinen z. B. von der Seite aus viel seichter, als sie sind, weil das Licht vom Beckengrund an der Oberfläche gebrochen wird.

▲ LASER

In einem Laser werden die Atome von einer Energiequelle angeregt und senden Photonen (Lichtteilchen) aus. Da alle Photonen dieselbe Energiemenge haben, erzeugen Laser einen hoch konzentrierten Lichtstrahl mit nur einer Wellenlänge. Das Licht eines Lasers hat eine riesige Reichweite und wird dabei kaum schwächer und auch kaum gestreut. Laser finden vielseitige Anwendungen, wie z. B. in der Beleuchtung bei Konzerten oder in der Satellitenkommunikation.

Die Lichtbrechung lässt den Strohhalm geknickt erscheinen.

Konkave Brillengläser korrigieren Kurzsichtigkeit.

Die glänzenden Spiegel der Kugel reflektieren Licht.
Weißes Licht fällt in ein Prisma, das es in die verschiedenen Wellenlängen der Farben bricht.

FARBE ▶

Die verschiedenen Wellenlängen des sichtbaren Lichts stellen die verschiedenen Farben dar. Rot hat die längsten Wellen und Violett die kürzesten. Wenn Licht auf einen farbigen Gegenstand fällt, absorbiert er alle anderen Farben und reflektiert nur seine eigene Farbe. Das rote Ampellicht leuchtet rot, weil ein Rotfilter die roten Wellen passieren lässt und alle anderen Farben der weißen Lampe blockiert.

▲ REFLEXION

Gegenstände nehmen Lichtstrahlen entweder auf (absorbieren) oder spiegeln (reflektieren) sie. Schwarze Festkörper absorbieren fast alle Strahlen, während glänzende, glatte Flächen, z. B. Spiegel, sie reflektieren. Die Strahlen prallen in dem gleichen Winkel ab, in dem sie aufgetroffen sind. Raue Oberflächen streuen die Strahlen dagegen, weil sie sie in verschiedene Richtungen zurückwerfen.

▼ ELEKTRISCHES LICHT

Elektrische Energie kann man auf verschiedene Weise in Licht umwandeln. In Glühlampen fließt Strom durch einen dünnen Faden aus Wolfram. Der Faden wird erwärmt, glüht und erzeugt Licht. Glühlampen werden nach und nach durch zuverlässigere und wirksamere Lampen wie Kompaktleuchtstoffröhren ersetzt. Darin fließt Strom durch ein Gas, das ultraviolettes Licht abgibt. Dieses Licht regt eine Phosphorschicht an, die daraufhin glüht und Licht erzeugt.

◀ LINSEN

Durchsichtige, gewölbte, polierte Gläser, sogenannte Linsen, ändern die Richtung der Lichtwellen. In der Optik und Fotografie werden überall Linsen verwendet. Konvexe Linsen sind in der Mitte dicker als an den Rändern, sodass die Lichtstrahlen dahinter zusammenlaufen. Diese Linsen vergrößern Bilder. Konkave Linsen sind in der Mitte dünner als an den Rändern und leiten die Lichtstrahlen nach außen.

ELEKTRIZITÄT

Nur wenige Energieformen beeinflussen unser Leben stärker als die Elektrizität. Alle Stoffe bestehen aus positiven und negativen Ladungen. In den meisten Atomen sind sie normalerweise ausgeglichen, sodass die Atome elektrisch neutral sind. Wenn sich Elektronen von Atom zu Atom frei bewegen können, entsteht Elektrizität. Sie kommt in Blitzen und Elektrogeräten vor, aber auch in den Nerven, die das Auge mit dem Gehirn verbinden, während jemand diese Zeilen liest.

▶ ELEKTRISCHER STROM

Ein elektrischer Strom ist der Fluss elektrischer Ladungen. Solange ein elektrischer Schaltkreis nicht unterbrochen wird, fließen Elektronen und erzeugen Strom. Ein elektrischer Schalter kann einen Schaltkreis schließen oder unterbrechen, sodass Strom fließt oder gestoppt wird. Die Anzahl der Elektronen, die pro Sekunde in einem elektrischen Schaltkreis fließen, wird in der Einheit Ampere gemessen.

▶ ISOLATOREN

Elektrische Isolatoren sind das Gegenteil elektrischer Leiter. Ihre Elektronen sind fest an ihre Atome gebunden und können sich nicht frei bewegen. Zu den elektrischen Isolatoren zählen Glas, Gummi, Kunststoff, Holz und Keramik. Die meisten Elektrokabel in Geräten sind von Kunststoffmänteln umhüllt, während Keramik- und Gummiisolatoren bei Überlandleitungen verhindern, dass die Hochspannung eine Gefahr für Menschen darstellt.

◀ STATISCHE ELEKTRIZITÄT

Stoffe mit einem Überschuss an positiver beziehungsweise negativer Ladung ziehen sich gegenseitig an, um ihre Ladungen auszugleichen. Reibt man eine Hand an einem Luftballon, erzeugt man dadurch auf der Ballonoberfläche und auf dem Körper elektrische Ladungen. Die Ladungen sind statisch (unbeweglich), bis sie entladen werden. Wenn Haare statisch aufgeladen sind, stehen sie ab. Alle Haare haben dann dieselbe Ladung, sodass sie sich gegenseitig abstoßen.

Statische Elektrizität lässt die Haare zu Berge stehen.

▲ ELEKTRISCHE LEITER

Elektrischer Strom fließt nur durch Materialien, in denen sich Elektronen frei bewegen können. Diese Materialien nennt man Leiter. Metalle, insbesondere Silber, sind gute elektrische Leiter. Aus dem preiswerteren Kupfer werden jährlich Millionen Kilometer Kabel hergestellt. Halbleiter, in denen Strom nicht so gut fließt wie in Leitern, dienen zur Herstellung von Transistoren. Sie verstärken oder schalten elektrische Signale.

ACHTUNG
HOCHSPANNUNG

▼ WIDERSTAND

Ein Maß dafür, wie der freie Fluss elektrischer Ladungen behindert wird, ist der Widerstand. Gute Leiter haben einen geringen Widerstand, Isolatoren dagegen besitzen sehr hohe Widerstände. In elektrische Schaltkreise werden oft absichtlich Widerstände eingebaut. Sie können auf feste oder veränderliche Werte eingestellt sein. Ein steuerbarer Widerstand ändert seinen Wert, wenn z. B. jemand an einem Regler dreht.

Der Lautstärkeregler sitzt an einem steuerbaren Widerstand.

▼ SCHALTBILDER

Schließt man eine Stromquelle wie eine Batterie an einen elektrischen Schaltkreis an, fließen Elektronen vom negativen Pol durch den Schaltkreis zum positiven Pol der Batterie. Ein elektrischer Schaltkreis lenkt oder passt den Stromfluss für bestimmte Aufgaben an. Dabei wandeln einige Bauteile die Elektrizität in Wärme, Licht, Schall oder Bewegung um.

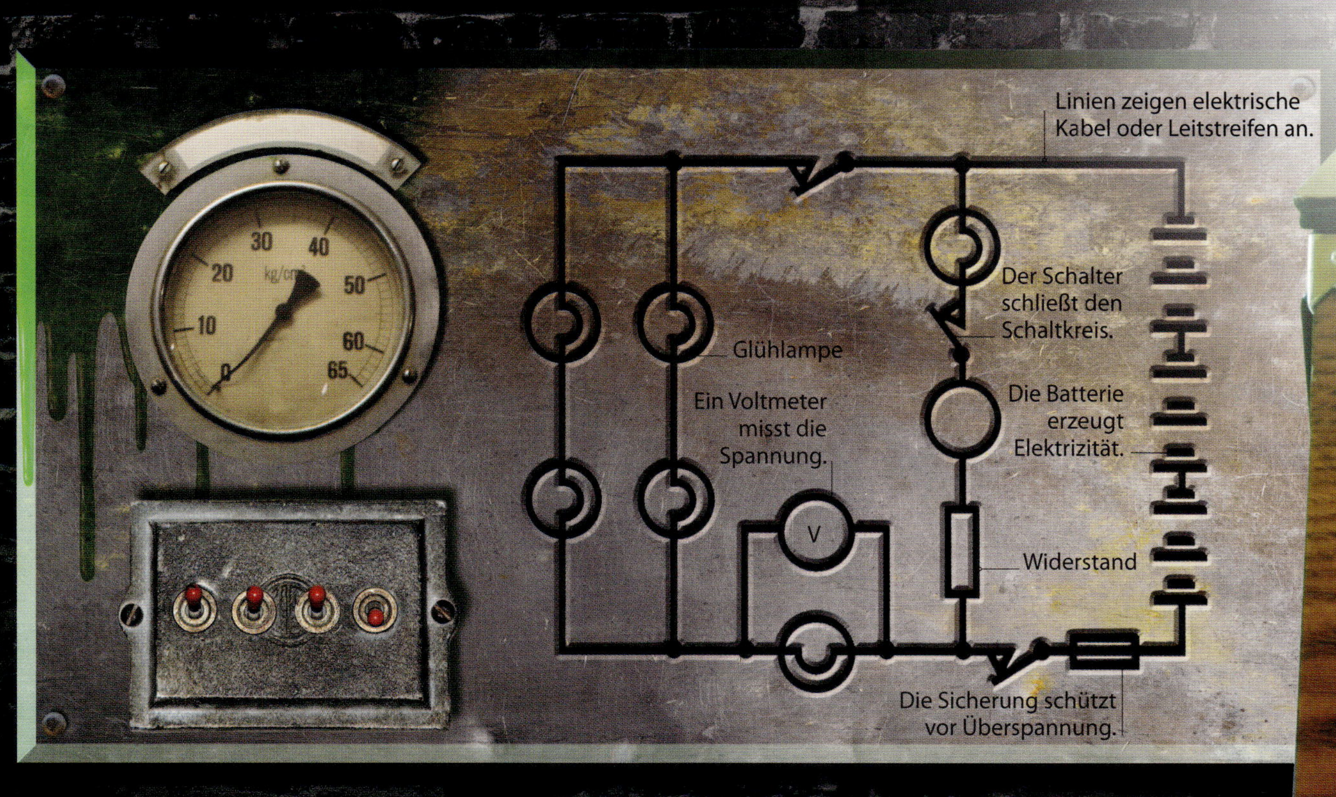
Linien zeigen elektrische Kabel oder Leitstreifen an.
Der Schalter schließt den Schaltkreis.
Glühlampe
Ein Voltmeter misst die Spannung.
V
Die Batterie erzeugt Elektrizität.
Widerstand
Die Sicherung schützt vor Überspannung.

MAGNETE

Magnetismus ist eine Kraft, die manche Stoffe anzieht oder abstößt. Bestimmte Elemente wie Kobalt, Eisen und Nickel werden von Magneten stark angezogen. Sie werden deshalb ferromagnetisch genannt. Ihre Atome richten sich unter dem Einfluss eines Magneten in derselben Richtung aus. Elemente, die von Magneten angezogen werden, können selbst zu Magneten werden. Streicht man mit einem Magneten wiederholt über einen Eisenstab, wird er selbst magnetisch.

▶ ELEKTROMAGNETE

Dieser riesige Elektromagnet hebt auf einem Schrottplatz Metallteile an und lässt sie auf Knopfdruck wieder fallen. Elektromagnete sind in vielen Geräten, z. B. in Türschlössern oder Lautsprechern, eingebaut. Magnetschwebebahnen nutzen die Abstoßungskraft von Magneten. Sie halten den Zug etwa 10 mm über den Gleisen, sodass keine Reibung entsteht und er daher sehr schnell fahren kann.

Ein schwerer Stahlträger wird von einem Elektromagneten angehoben.

▶ ANZIEHUNG UND ABSTOSSUNG

Die beiden Enden eines Magneten heißen Nord- und Südpol. Schneidet man einen langen Stabmagneten in zwei Hälften, wird jede Hälfte wieder zu einem vollständigen Magneten mit eigenem Nord- und Südpol. Die ungleichen Pole (Nord und Süd) zweier Magnete ziehen sich immer an, während die gleichen Pole (Nord und Nord oder Süd und Süd) einander immer abstoßen.

Gleiche Pole der beiden Stabmagneten stoßen einander ab.

Eisenspäne zeigen die Linien eines Magnetfelds um einen Stabmagneten.

▶ MAGNETFELDER

Der Raum um einen Magneten, in dem sein Magnetismus wirkt, ist sein Magnetfeld. Es wirkt am stärksten an den Polen. Je größer und stärker ein Magnet ist, desto größer ist auch sein Magnetfeld. Ein Kabel, durch das ein elektrischer Strom fließt, erzeugt ein Magnetfeld um sich herum.

▼ ELEKTROMOTOREN

Wenn Elektrizität durch die Ankerspule eines einfachen Elektromotors fließt, verwandelt sich die Spule in einen Elektromagneten mit eigenem Nord- und Südpol. Diese wirken auf einen oder mehrere Magneten, die im Motorblock befestigt sind – die sogenannten Statoren. Da sich die Spule laufend an den Magnetpolen der anderen Magneten ausrichten muss, dreht sie sich und treibt so die Motorachse an.

Die Achse eines Elektromotors ist an der Ankerspule befestigt.

Eine Kompassnadel zeigt immer nach Norden.

◀ ERDMAGNETISMUS

Elektrische Ströme im Erdkern erzeugen ein Magnetfeld. Es wirkt am stärksten am magnetischen Nord- und Südpol (der jeweils in der Nähe des geografischen Nord- und Südpols liegt). Das Magnetfeld der Erde erstreckt sich bis in den Weltraum. Dort bildet es die Magnetosphäre. Ein Kompass besitzt eine Magnetnadel auf einem Drehpunkt, deren Spitze immer auf den magnetischen Nordpol der Erde zeigt.

▶ ELEKTROMAGNETISMUS

Ein Elektromagnet entsteht dadurch, dass elektrischer Strom durch eine Drahtspule fließt und dabei ein Magnetfeld erzeugt. Die Spule ist häufig um einen Eisenkern gewickelt, sie kann aber auch ringförmig sein, dann nennt man sie Solenoid. Je höher die Stärke des Stroms ist, der durch die Drahtspule fließt, desto stärker ist die elektromagnetische Wirkung.

Strom fließt durch die Drahtspule und erzeugt ein Magnetfeld.

ELEKTRIZITÄT NUTZEN

Elektrizität treibt unsere Welt an. Weil sie so vielseitig ist, ist sie für uns Menschen von sehr großer Bedeutung. Sie lässt sich in Batterien speichern, über Kabel an die Orte bringen, an denen sie benötigt wird, und außerdem in viele andere Energieformen wie Wärme, Licht und Bewegung umwandeln. Elektrizität treibt eine Vielzahl von Elektrogeräten an und wird in vielen chemischen und industriellen Prozessen genutzt, wie beispielsweise in der Elektrolyse, bei der Verbindungen elektrisch in ihre Elemente zersetzt werden.

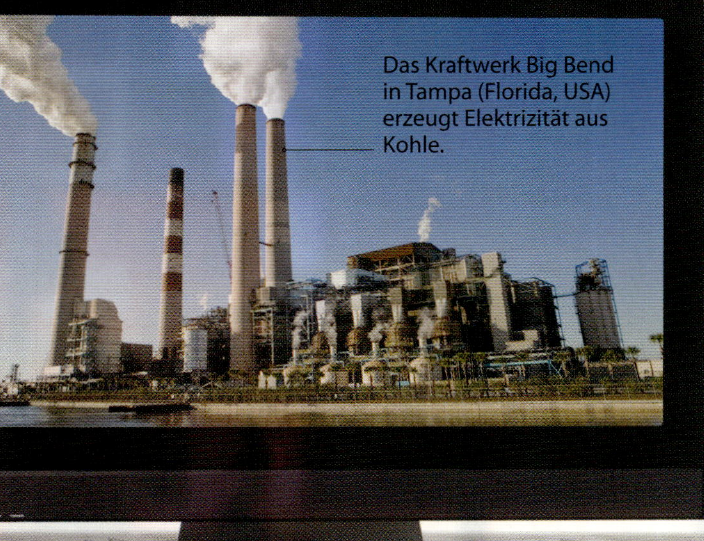

verteilen Strom
über ganz Kanada.

Das Kraftwerk Big Bend
in Tampa (Florida, USA)
erzeugt Elektrizität aus
Kohle.

▲ STROMLEITUNGEN

Elektrizität wird von einem Kraftwerk über Stromleitungen zu Umspannwerken und von dort zu den einzelnen Gebäuden geleitet. Dabei geht ein Teil der Energie verloren, hauptsächlich in Form von Wärme. Um diesen Verlust so klein wie möglich zu halten, wird der Strom mit Hochspannung weitergeleitet und erst in den Umspannwerken auf eine niedrigere Spannung gebracht.

◀ KRAFTWERKE

Elektrizität wird in großen Kraftwerken erzeugt, die verschiedene Brennstoffe nutzen. Am häufigsten werden bisher fossile Brennstoffe eingesetzt. Weil diese Brennstoffe jedoch Treibhausgase in die Atmosphäre abgeben, werden heute zunehmend andere Energiequellen wie Sonne, Wind und Wasser genutzt.

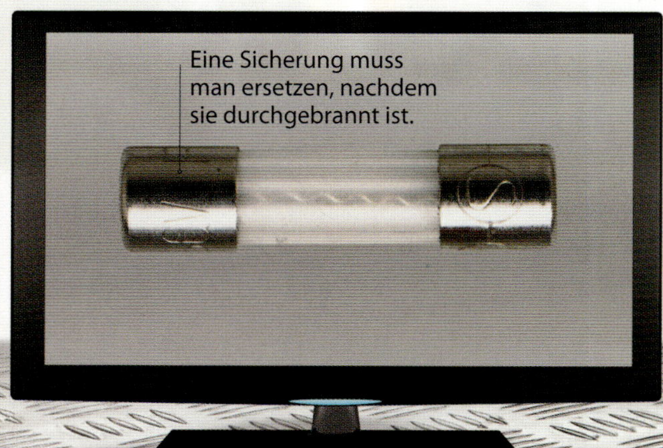

Eine Sicherung muss
man ersetzen, nachdem
sie durchgebrannt ist.

▲ SICHERUNGEN UND UNTERBRECHER

In elektrischen Schaltkreisen sorgen Sicherungen und Stromunterbrecher dafür, dass nicht zu viel Strom fließt, damit keine elektrischen Bauteile beschädigt werden. In einer Sicherung befindet sich ein dünner Draht, der bei zu hohem Stromfluss durchbrennt. Ein Stromunterbrecher hat eine ähnliche Funktion. Es ist ein Schalter, der den Stromfluss unterbricht. Er muss aber nicht ersetzt, sondern kann einfach wieder umgeschaltet werden.

▲ BATTERIEN

Die in einer Batterie gespeicherte chemische Energie wird in elektrische Energie umgewandelt, wenn man die Batterie an einen Schaltkreis anschließt. Sekundärzellen können Elektrizität sammeln und sind daher wiederaufladbar, Primärzellen müssen dagegen entsorgt werden. Die Primärzellenbatterien einer Fernbedienung haben je einen positiven und einen negativen Pol, die jeweils durch eine Paste aus Aluminiumchlorid getrennt sind.

Die Lampe wird von dem Dynamo im Griff angetrieben.

▶ TRANSFORMATOREN

Ein Transformator wandelt die Stromspannung um. Aufwärtstransformatoren erhöhen in Kraftwerken die Spannung der Elektrizität für die Überlandleitungen. Abwärtstransformatoren müssen die Spannung wieder senken, bevor der Strom in Fabriken und Haushalten genutzt wird.

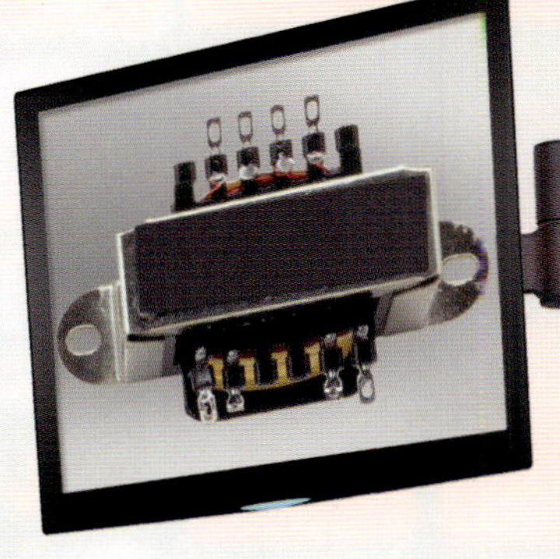

▼ GLEICH- UND WECHSELSTROM

Eine Batterie gibt Gleichstrom ab, der nur in eine Richtung fließt. Im Haushalt fließt dagegen Wechselstrom, bei dem die elektrischen Pole 50- bis 60-mal pro Sekunde die Richtung wechseln. Viele Elektrogeräte wie dieser Haartrockner arbeiten aber nur mit Gleichstrom. Sie haben einen eingebauten Adapter, der den Wechselstrom in Gleichstrom umwandelt.

▲ GENERATOREN

Ein Generator wandelt mechanische Energie in elektrische um. Manche Generatoren sind riesig, z. B. die Generatoren in Kraftwerken, die durch strömende Gase oder Wasser angetrieben werden. Manche sind aber auch sehr klein, wie der Dynamo am Fahrrad. In den meisten Generatoren wird eine Drahtspule durch ein Magnetfeld bewegt, das durch elektromagnetische Induktion aus der Bewegung elektrischen Strom erzeugt.

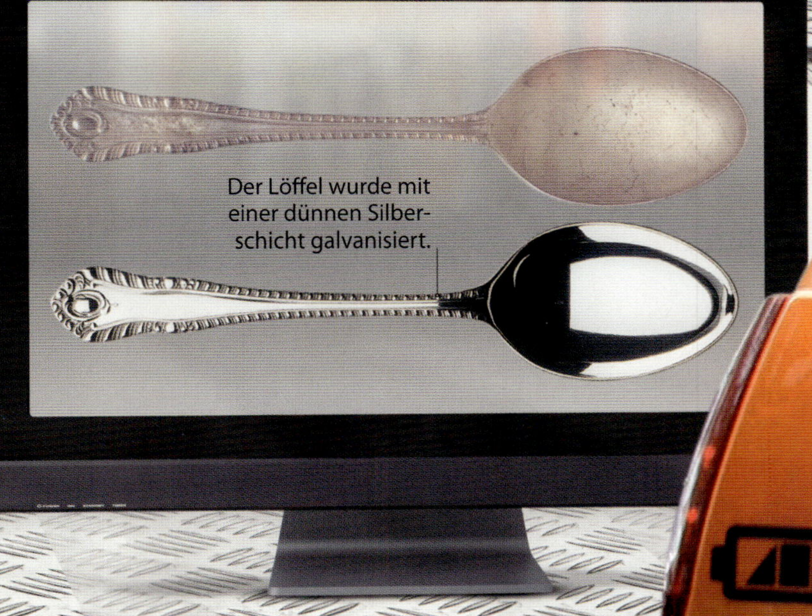

Der Löffel wurde mit einer dünnen Silberschicht galvanisiert.

▶ ELEKTROFAHRZEUGE

Dieses Elektroauto wird an einer Ladestelle aufgeladen. Elektrofahrzeuge brauchen große wiederaufladbare Batterien, die den Elektromotor antreiben. Sie verschwenden keine Energie, wenn sie anhalten oder im Stau stehen, geben keine umweltschädlichen Abgase ab und eignen sich deshalb gut für kurze Fahrten in der Stadt.

▲ GALVANISIERUNG

Viele Gegenstände werden mit einer dünnen Metallschicht überzogen, damit sie nicht so leicht zersetzt werden können. Dieser Vorgang heißt Galvanisierung. Dazu wird der Gegenstand in eine Lösung getaucht, die ein Metall enthält. Leitet man Strom durch den Gegenstand, wirkt er als negative Elektrode und zieht die positiven Metallionen des Überzugs an.

GEBURT DER STERNE
Gewaltige Wolken aus Gas und Staub – dem Rohmaterial für neue Sterne und neue Sonnensysteme – bilden den wunderschönen Orionnebel, der etwa 1500 Lichtjahre von der Erde entfernt ist.

Der Weltraum

DAS UNIVERSUM

Das Universum umfasst alles, was existiert, also die gesamte Materie von den kleinsten subatomaren Teilchen bis hin zu den größten Galaxien. Es gibt im Universum vermutlich ungefähr 10^{21} (1 000 000 000 000 000 000 000) Sterne. Aber zwischen den Himmelskörpern liegen auch riesige Leerräume. Die Lehre über das Universum – wie es begann, wie es sich entwickelte und was mit ihm in Zukunft geschehen wird – heißt Kosmologie.

DER URKNALL ▶

Niemand kann genau sagen, wie das Universum entstanden ist oder was vor ihm war. Nach der derzeit gültigen Theorie entstanden das Universum, der Raum und die Zeit vor etwa 13,7 Mrd. Jahren sehr schnell aus einem winzigen Punkt. Im Bruchteil einer Sekunde dehnte sich das Universum unglaublich rasant aus und innerhalb weniger Minuten bildeten sich aus Strahlungsenergie die Teilchen der Materie.

▶ ABKÜHLEN UND ERWÄRMEN

Über einen Zeitraum von etwa 300 000 Jahren dehnte sich das Universum weiter aus und kühlte ab. Am Ende dieser Phase entstanden die ersten stabilen Atome aus Wasserstoff- und Heliumkernen, die Protonen und Elektronen anzogen. Durch die Schwerkraft lagerten sich Gase zu Wolken zusammen, die sich erwärmten, weitere Teilchen anzogen und die ersten Sterne und Galaxien bildeten.

◀ LICHTJAHRE

In den unermesslichen Weiten des Weltraums braucht man größere Längeneinheiten als Kilometer, um die gewaltigen Entfernungen zu berechnen. Licht breitet sich mit etwa 300 000 km pro Sekunde aus und legt in einem Jahr 9 500 000 000 000 km zurück. Diese Strecke, das sogenannte Lichtjahr, ist eine Längeneinheit der Astronomie.

Der Stern Proxima Centauri ist dem Sonnensystem am nächsten. Er liegt etwa 4,22 Lichtjahre entfernt.

▶ BLICK IN DIE VERGANGENHEIT

Bei der Beobachtung von weit entfernten Himmelskörpern blickt man in die Vergangenheit, weil ihr Licht Millionen von Jahren unterwegs ist, bis es die Erde erreicht. Wir sehen eine Galaxie in 2 Mrd. Lichtjahren Entfernung so, wie sie vor 2 Mrd. Jahren aussah. Die Galaxie UDFy-38135539 (rechts) wurde 2010 entdeckt. Sie ist über 13 Mrd. Lichtjahre entfernt.

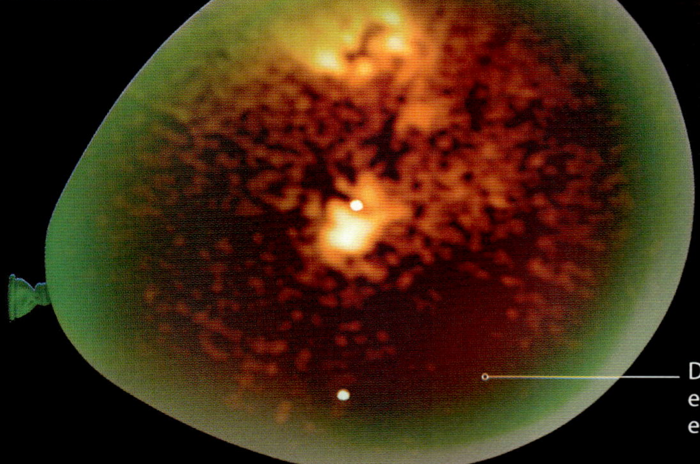

Diese Galaxie ist die entfernteste, die je entdeckt wurde.

Im Bruchteil einer Sekunde dehnte sich das Universum von einem winzigen Punkt auf die Größe einer Galaxie aus.

▶ DAS UNIVERSUM HEUTE

Das Universum dehnt sich weiterhin aus und hat wohl einen Durchmesser von über 90 Mrd. Lichtjahren. Aber auch mit modernsten Instrumenten lässt sich nur ein kleiner Teil beobachten. Der größte Teil des Universums besteht aus Dunkler Energie und Dunkler Materie. Da diese rätselhaften Phänomene unsichtbar sind, können wir nur ihre Auswirkungen beobachten, z. B. ihre Anziehungskraft auf Sterne, Galaxien und Licht.

▶ GIBT ES AUSSERIRDISCHE?

Die Möglichkeit, dass auch auf anderen Planeten Leben existiert, fasziniert die Menschheit seit langem. Wegen der gewaltigen Entfernungen können wir nicht selbst danach suchen – die 1972 gestartete Raumsonde *Pioneer* wird z. B. erst in 2 Mio. Jahren den Stern Aldebaran erreichen. Deshalb wird mithilfe von Teleskopen nach Exoplaneten (Planeten außerhalb des Sonnensystems) gesucht.

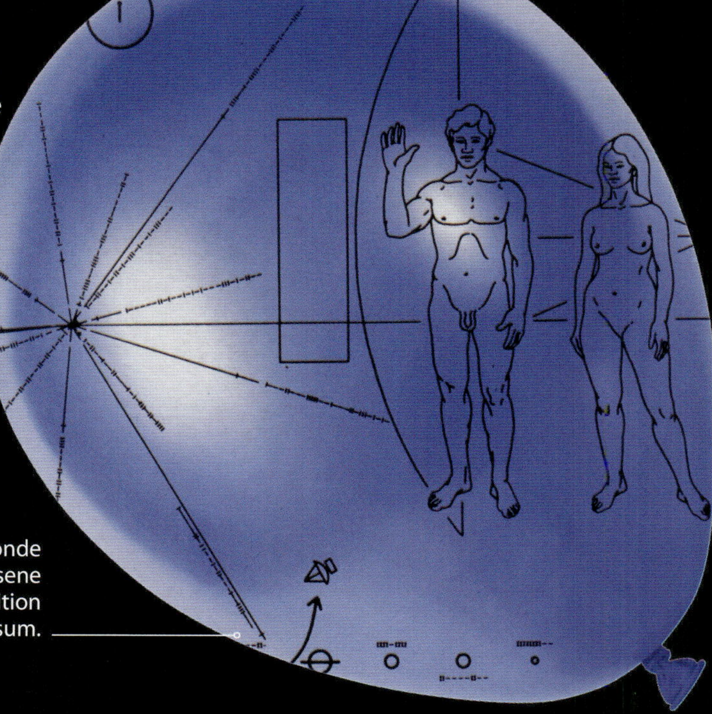

Eine Platte in der Raumsonde *Pioneer 10* zeigt erwachsene Menschen und die Position der Erde im Universum.

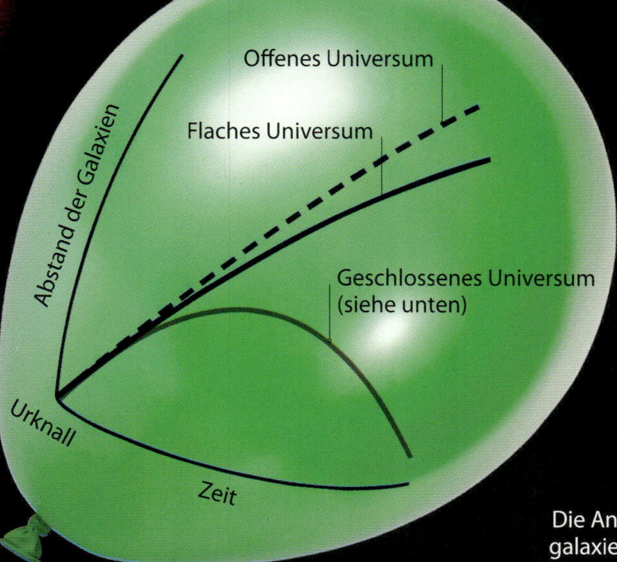

◀ DAS SCHICKSAL DES UNIVERSUMS

Niemand weiß, wie das Universum enden wird. Nach der Theorie des offenen Universums wird es sich ewig ausdehnen. Sterne und Galaxien verlöschen nach und nach und der Raum wird kalt und dunkel. Die Theorie des flachen Universums besagt, dass sich die Ausdehnung verlangsamt, bis sie mit der Schwerkraft einen Gleichgewichtszustand erreicht. Die dritte Theorie, das geschlossene Universum, wird unten erklärt.

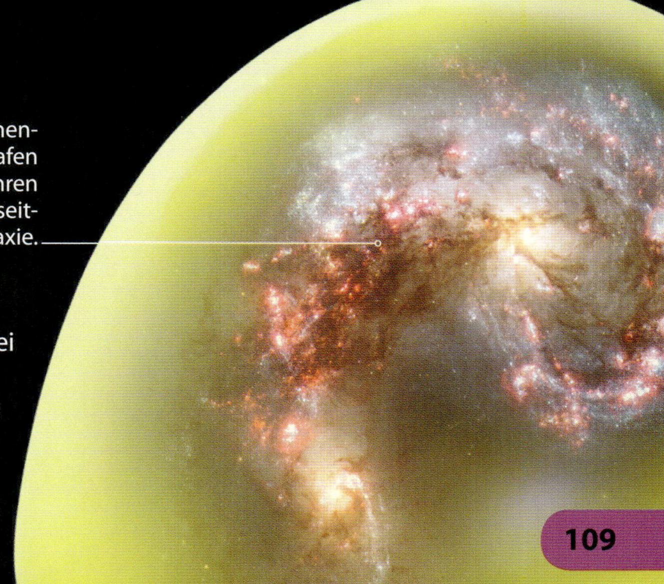

Die Antennengalaxien trafen vor über 700 Mio. Jahren aufeinander. Sie verschmelzen seitdem zu einer großen Galaxie.

▶ ZUSAMMENSTOSS

Nach der Theorie des geschlossenen Universums wird sich das Universum irgendwann wieder zusammenziehen. Dabei stoßen Galaxien aufeinander und ziehen sich zusammen, bis das gesamte Universum zu einem unvorstellbar großen Schwarzen Loch schrumpft – diesen Vorgang nennt man Big Crunch. Aufgrund ihrer enormen Schwerkräfte stoßen Galaxien aber ohnehin manchmal zusammen, unabhängig davon, ob sich das Universum weiter ausdehnt oder nicht.

GALAXIEN UND STERNE

Sterne sind feurige Kugeln aus heißem Gas, in denen Kernreaktionen ablaufen. Mit bloßem Auge sind von der Erde aus nur rund 5000 Sterne sichtbar, aber insgesamt gibt es viele Milliarden und viele davon wurden bereits katalogisiert und klassifiziert. Die Sterne liegen zwar sehr weit auseinander, aber sie sind durch ihre Schwerkraft in Galaxien gebunden – riesigen Systemen, die zudem Überreste alter Sterne, Gas und Staub enthalten. Es gibt mindestens 125 Milliarden Galaxien, vermutlich sogar mehr.

▶ STERNE
Sterne werden nach ihrer Oberflächentemperatur in sieben Spektralklassen eingeteilt. Typ O sind die heißesten Sterne, darauf folgen der Reihe nach die Typen B, A, F, G, K und schließlich M – die kühlsten Sterne. Die Sonne ist ein Stern des Typs G, während Rigel (rechts) in etwa 700–900 Lichtjahren Entfernung zur Erde zum Typ B gehört. Rigel leuchtet viele Tausend Mal heller als die Sonne.

▶ SPIRALGALAXIEN
Die scheibenförmigen Spiralgalaxien haben meist ein gewölbtes Zentrum, von dem mehrere gebogene Arme ausgehen. Die Milchstraße ist eine Spiralgalaxie, ebenso wie NGC 1309 (rechts), deren Größe etwa drei Viertel der Milchstraße beträgt und die ungefähr 120 Mio. Lichtjahre entfernt ist. Viel größer ist der Andromedanebel mit 220 000 Lichtjahren Durchmesser und vermutlich 1 Billion Sterne.

▲ DIE MILCHSTRASSE
Das Sonnensystem liegt im Orionarm der Milchstraße, die eine scheibenförmige Balkenspiralgalaxie ist. Ihr Durchmesser beträgt rund 100 000 Lichtjahre, sie ist aber nur 1000–4000 Lichtjahre dick. Unsere Sonne befindet sich etwa 25 000 Lichtjahre vom Zentrum der Milchstraße entfernt. Sie ist nur einer von etwa 200–500 Mrd. Sternen in dieser Galaxie.

◀ GRÖSSENKLASSE

Es gibt verschiedene Messwerte zur Einteilung von Sternen, z.B. die scheinbare Helligkeit, die angibt, wie hell ein Stern auf der Erde erscheint. Die Einheit ist die Größenklasse. Die Sonne als hellstes Objekt am Himmel hat die Größenklasse –26,8 gegenüber den drei hellsten Sternen Sirius (–1,6), Canopus (–0,7) und Alpha Centauri (0,1). Die dunkelsten Sterne, die durch optische Teleskope erkennbar sind, haben Größenklassen von etwa 30.

◀▲▶ GALAXIENARTEN

Galaxien werden nach ihrer Form eingeteilt. Es gibt viele elliptische Galaxien und auch viele Spiralgalaxien wie den Andromedanebel (rechts). Linsenförmige Galaxien sind flache Scheiben mit einer zentralen Wölbung. Sie enthalten wahrscheinlich vor allem alte Sterne und nur wenige neue. NGC 5886 (links) ist eine linsenförmige Galaxie in 45 Mio. Lichtjahren Entfernung, die auf der Erde von der Seite her sichtbar ist. Etwa ein Viertel aller Galaxien hat keine bestimmte Form. Diese werden daher als unregelmäßige oder irreguläre Galaxien bezeichnet. Vermutlich werden sie durch die Schwerkraft einer benachbarten Galaxie verformt. Die meisten irregulären Galaxien bestehen aus sehr viel Staub, Gas und jungen Sternen. NGC 4449 (oben) ist eine irreguläre Galaxie, die 12 Mio. Lichtjahre von der Erde entfernt liegt. In den rötlichen Gebieten entstehen neue Sterne.

▶ GALAXIENHAUFEN

Galaxien bilden oft große Ansammlungen, die sogenannten Galaxienhaufen. Die Milchstraße ist Teil der Lokalen Gruppe, zu der auch der Andromedanebel, die Canis-Major-Zwerggalaxie, der Dreiecksnebel und über 40 weitere Galaxien gehören. Viele Zwerggalaxien in der Lokalen Gruppe wurden erst in den letzten Jahren entdeckt. Der Durchmesser der Lokalen Gruppe wird auf etwa 10 Mio. Lichtjahre geschätzt.

◀ SUPERHAUFEN

Ein Supergalaxienhaufen oder Superhaufen umfasst mehrere Galaxienhaufen. Unser lokaler Superhaufen, der Virgo-Superhaufen, besteht aus etwa 100 Galaxienhaufen und sein Durchmesser beträgt unglaubliche 100 Mio. Lichtjahre. Andere Superhaufen, wie z.B. der über 180 Mio. Lichtjahre entfernte Perseus-Pisces-Superhaufen, sind vermutlich sogar 3-mal so groß.

STERNE

Sterne werden geboren, entwickeln sich, leuchten und sterben nach Millionen oder Milliarden Jahren. Die Masse eines Sterns bestimmt sein Schicksal, weil Sterne sich an ihrem Lebensende dramatisch verändern. Je nach Masse hinterlassen sie verschiedene Phänomene, vom Weißen Zwerg bis zum Schwarzen Loch.

❶ GEBURT EINES STERNS

Die meisten Sterne werden in weiträumigen Sternentstehungsgebieten geboren, den Nebeln. Ein Nebel besteht aus riesigen Wolken aus Staub und Gas, vorwiegend Wasserstoff und Helium. In dichteren Bereichen des Nebels zieht die Schwerkraft, die manchmal von Nachbarsternen oder Explosionen herrührt, die Materie zusammen. Dabei nehmen Masse und Temperatur zu und stärken ihre eigene Schwerkraft.

❷ PROTOSTERNE

Wenn eine große, dichte Gasansammlung sich zusammenzieht und heißer wird, nennt man sie einen Protostern. Daraus kann ein neuer Stern entstehen. Die meisten Protosterne werden schließlich so dicht und heiß, dass in ihrem Inneren Kernreaktionen ausgelöst werden. Dann beginnen sie, als Stern zu leuchten. Durch diesen Energieausbruch werden die Gas- und Staubreste der jungen Sterne weggeblasen.

❸ HAUPTREIHENSTERNE

Die Hauptreihe beschreibt eine lange Phase von meist mehreren Milliarden Jahren, in der ein Stern durch Kernfusion Energie erzeugt. Dabei wird im Kern Wasserstoff zu Helium verschmolzen. Sterne, die bis zu drei Sonnenmassen besitzen, verbringen etwa 90 % ihres Lebens auf der Hauptreihe. Die Sonne ist seit mehr als 4 Mrd. Jahren in ihrer Hauptreihenphase.

❹ DOPPELSTERNE

Einige Sterne wie Sirius A und B oder Albireo A und B (oben) sind Doppelsterne. Die Sterne solcher Mehrfachsysteme kreisen um einen gemeinsamen Schwerpunkt. Das Sternpaar von Albireo ist ungefähr 380 Lichtjahre von der Erde entfernt.

❺ RIESEN UND ÜBERRIESEN

Wenn ein Stern mit der Masse der Sonne seinen Wasserstoffvorrat verbraucht hat, schwillt er zu einem Roten Riesen an. Wenn allerdings Sterne von acht Sonnenmassen oder mehr anschwellen, werden sie zu Überriesen. Beteigeuze (auch Alpha Orionis genannt) ist ein solcher roter Überriese. Würde dieser gewaltige Stern statt der Sonne im Zentrum unseres Sonnensystems stehen, würde sich seine äußere Atmosphäre bis über den Planetoidengürtel hinaus erstrecken.

❻ VERBLASSEN

Manche Protosterne besitzen nicht genug Masse, um die Kernreaktion zu starten und ein Stern zu werden. Sie erzeugen stattdessen kleinere Energiemengen, weil sie sich immer weiter zusammenziehen. Diese missglückten Sterne nennt man Braune Zwerge. Sie geben ihre restliche Wärme ins All ab. Wenn sie keine Energie mehr ausstrahlen, werden sie zu Schwarzen Zwergen.

❼ PLANETARISCHE NEBEL

Wenn sonnenähnliche Sterne die Hauptreihe verlassen, stürzen sie in sich zusammen. Dichte und Temperatur steigen an. Daraufhin schwellen sie zu enormer Größe, bis sie ihre äußeren Hüllen als riesige Gaswolken abstoßen. Diese Wolken kühlen um den Überrest des Sterns, den sogenannten Weißen Zwerg, zu einem planetarischen Nebel ab. Seit der Entdeckung des Hantelnebels 1764 wurden mehr als 3000 planetarische Nebel beobachtet.

❽ WEISSE ZWERGE

Ein Weißer Zwerg besitzt im Kern zwar keinen Brennstoff mehr (Wasserstoff oder Helium), aber er leuchtet noch viele Millionen Jahre. Die Farbe Weißer Zwerge richtet sich nach ihrer Temperatur: heiße sind weiß, kühlere eher rötlich. Ein ganz normaler Weißer Zwerg ist wahrscheinlich so dicht, dass ein Teelöffel von seiner Materie etwa 5 t wiegt. Ebenso wie Braune Zwerge verblassen die Weißen Zwerge mit der Zeit und werden zu Schwarzen Zwergen.

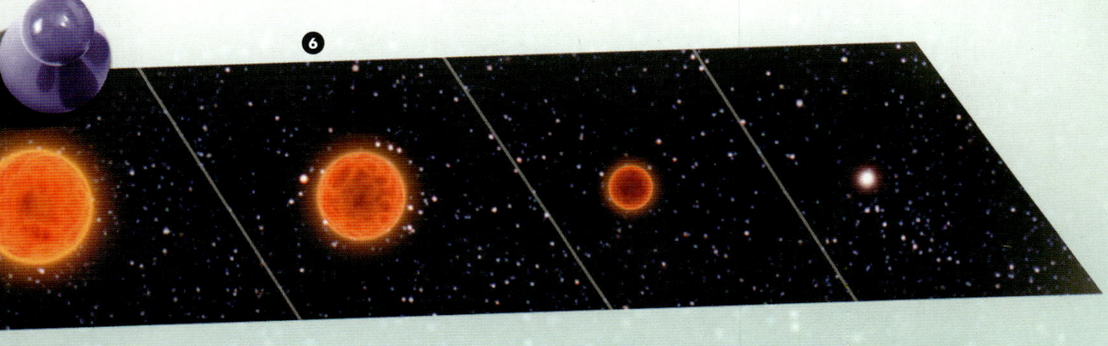

❾ SUPERNOVA!

Wenn bestimmte massive Sterne untergehen, ziehen sich ihre Kerne zusammen und die Temperatur steigt um mehrere Millionen Grad an. Der Kern verschlingt mehr und mehr Energie, bevor er in einer gewaltigen Explosion ausbricht. In den ersten zehn Sekunden erzeugt eine typische Supernova 100-mal mehr Energie als die Sonne in ihrem gesamten Leben.

❿ NEUTRONENSTERN

Beim Tod mancher massiver Sterne zieht sich der Kern zusammen und wird zu einem Neutronenstern: Das sind die kleinsten, dichtesten Sterne des Universums. Ein Neutronenstern mit nur 20 km Durchmesser hätte dieselbe Masse wie die Sonne. Einige Neutronensterne drehen sich schnell und senden Radiowellen aus. Diese Sterne nennt man Pulsare.

⓫ SCHWARZES LOCH

Bei einigen Sternen endet der Kollaps erst an einem dichten Punkt, der sogenannten Singularität. Der Raum unmittelbar um eine Singularität bildet ein Schwarzes Loch. Es ist so dicht und seine Anziehungskraft ist so stark, dass noch nicht einmal Licht entkommt. Daher kann man nur seine Auswirkungen auf Nachbarobjekte beobachten, z. B. wenn Gase in das Schwarze Loch gezogen werden und dabei Röntgenstrahlen aussenden.

DAS SONNENSYSTEM

Das Sonnensystem wird von der Sonne im Zentrum beherrscht. Sie enthält 99,8 Prozent der Masse des ganzen Sonnensystems. Planetoiden, Planeten und andere Körper umkreisen sie auf elliptischen Bahnen, weil sie von der starken Schwerkraft der Sonne angezogen werden. Eine Umkreisung dauert bei allen unterschiedlich lang. Der Zwergplanet Pluto braucht 248 Erdtage für einen Umlauf, während Merkur seine Bahn in nur 88 Erdtagen vollendet.

Gaspra misst nur 18,5 km im Durchmesser.

▲ PLANETOIDENGÜRTEL
Planetoiden sind Brocken aus Gestein und Metall, die um die Sonne kreisen. Über 90 % von ihnen kreisen in einem Gürtel zwischen Mars und Jupiter. Sie sind wohl die Reste eines Planeten, der sich nie vollständig gebildet hat. Der größte Planetoid, Ceres, hat einen Durchmesser von 974 km, fast alle übrigen sind aber viel kleiner.

▼ DIE PLANETEN
Die Sonne wird von acht Planeten umkreist. Neptun, in einer Entfernung von 4,54 Mrd. km von der Sonne, ist der äußerste. Merkur, der kleinste Planet, ist mit nur 46 Mio. km Entfernung der sonnennächste. Deshalb ist es auf seiner Oberfläche auch über 430 °C heiß. Dennoch ist Venus unter ihrer dicken, isolierenden Atmosphäre mit etwa 465 °C vermutlich der heißeste Planet. Die stärksten Winde des Sonnensystems wüten in der Atmosphäre des Neptun. Dort erreichen die Stürme Geschwindigkeiten von mehr als 2100 km/h.

◀ GESTEINSPLANETEN
Die vier inneren Planeten Merkur, Venus, Erde und Mars besitzen einen Kern aus Metall sowie eine Kruste aus Gestein. Die rote Farbe des Mars (links) stammt von dem Eisenoxid (Rost) in seinem Boden. Die Venusatmosphäre besteht vor allem aus Kohlendioxid und etwas Schwefelsäure. Die Oberfläche des Merkurs ist wie die des Erdmonds mit vielen Kratern übersät.

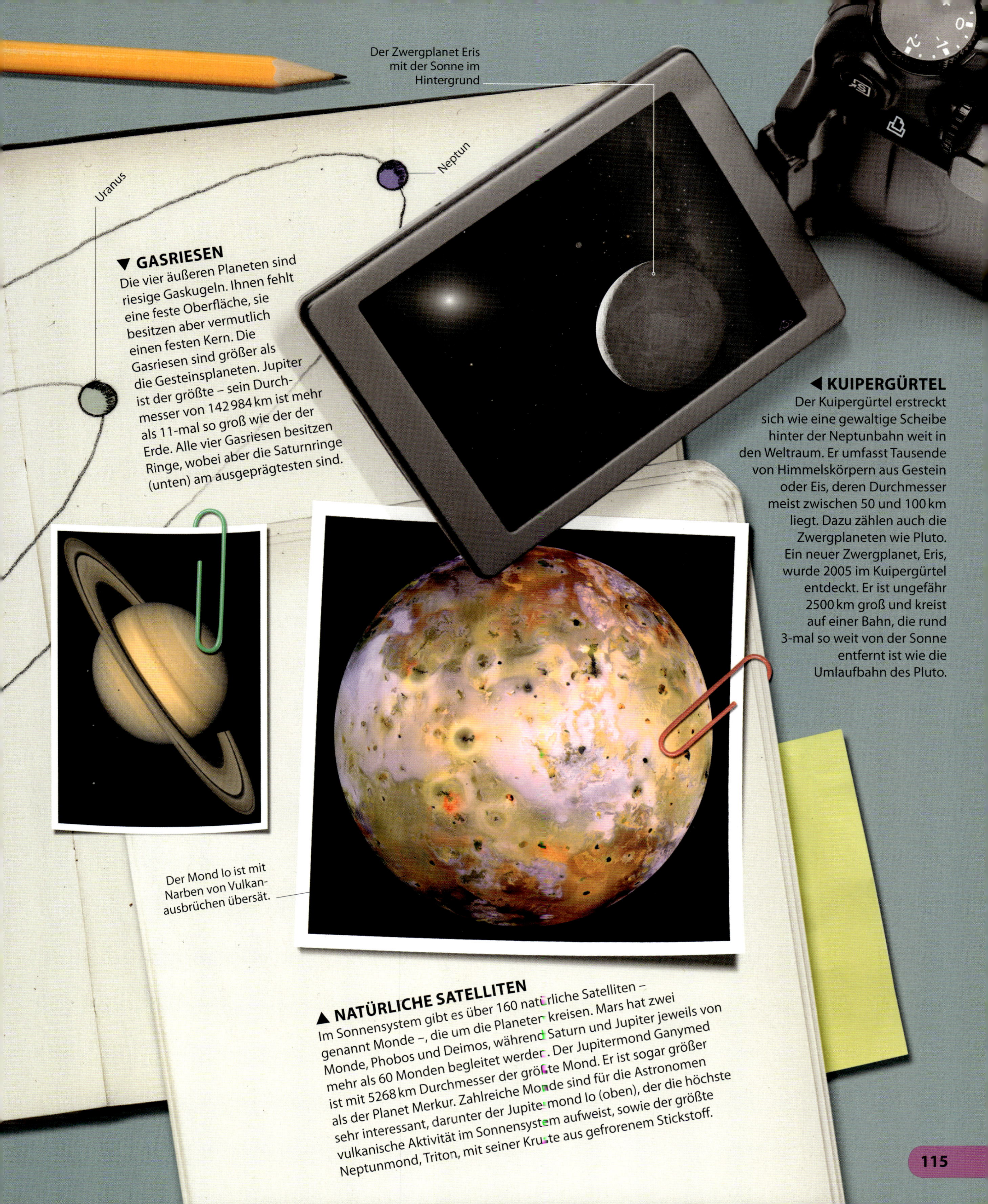

Der Zwergplanet Eris mit der Sonne im Hintergrund

▼ GASRIESEN

Die vier äußeren Planeten sind riesige Gaskugeln. Ihnen fehlt eine feste Oberfläche, sie besitzen aber vermutlich einen festen Kern. Die Gasriesen sind größer als die Gesteinsplaneten. Jupiter ist der größte – sein Durchmesser von 142 984 km ist mehr als 11-mal so groß wie der der Erde. Alle vier Gasriesen besitzen Ringe, wobei aber die Saturnringe (unten) am ausgeprägtesten sind.

◀ KUIPERGÜRTEL

Der Kuipergürtel erstreckt sich wie eine gewaltige Scheibe hinter der Neptunbahn weit in den Weltraum. Er umfasst Tausende von Himmelskörpern aus Gestein oder Eis, deren Durchmesser meist zwischen 50 und 100 km liegt. Dazu zählen auch die Zwergplaneten wie Pluto. Ein neuer Zwergplanet, Eris, wurde 2005 im Kuipergürtel entdeckt. Er ist ungefähr 2500 km groß und kreist auf einer Bahn, die rund 3-mal so weit von der Sonne entfernt ist wie die Umlaufbahn des Pluto.

Der Mond Io ist mit Narben von Vulkanausbrüchen übersät.

▲ NATÜRLICHE SATELLITEN

Im Sonnensystem gibt es über 160 natürliche Satelliten – genannt Monde –, die um die Planeten kreisen. Mars hat zwei Monde, Phobos und Deimos, während Saturn und Jupiter jeweils von mehr als 60 Monden begleitet werden. Der Jupitermond Ganymed ist mit 5268 km Durchmesser der größte Mond. Er ist sogar größer als der Planet Merkur. Zahlreiche Monde sind für die Astronomen sehr interessant, darunter der Jupitermond Io (oben), der die höchste vulkanische Aktivität im Sonnensystem aufweist, sowie der größte Neptunmond, Triton, mit seiner Kruste aus gefrorenem Stickstoff.

SONNE UND MOND

Die Sonne ist unser nächster Stern und der Mond ist unser nächster Himmelskörper. Die Sonne hat einen Durchmesser von etwa 1,392 Millionen Kilometer und ist damit mehr als 109-mal so groß wie die Erde. Diese gigantische Kugel aus extrem heißen Gasen erzeugt in ihrem Kern ungeheure Mengen von Energie. Die Energie breitet sich durch die Sonnenschichten ins Sonnensystem aus, erwärmt die Erde, brachte das Leben auf ihr hervor und erhält es weiterhin aufrecht.

Die Energie breitet sich durch die Konvektionszone aus.

Die Energie strömt durch die Strahlungszone.

Kern

Fotosphäre

▶ AUFBAU DER SONNE

Die Sonne besteht aus mehreren Schichten um einen extrem dichten, gasförmigen Kern, der sich etwa über ein Viertel ihres Durchmessers erstreckt. Die dort erzeugte Energie wird durch die Strahlungs- und Konvektionszone weitergeleitet, bis sie die Fotosphäre erreicht, die rund 500 km dick ist. Sie bildet die Sonnenoberfläche, auf der eine Temperatur von rund 5700 °C herrscht. Oberhalb der Fotosphäre liegt die heißere innere Atmosphäre oder Chromosphäre und darüber die Korona, die äußere Atmosphäre der Sonne.

Wasserstoff

Wasserstoff

Helium

◀ BRENNOFEN

Die Sonnenmasse besteht zu drei Vierteln aus Wasserstoff. Der Rest ist vorwiegend Helium. Durch den ungeheuren Druck und die Temperaturen von mehreren Millionen Grad im Kern der Sonne finden dort laufend Kernfusionen statt. Dabei werden Wasserstoffatome zu Helium verschmolzen – und riesige Energiemengen freigesetzt.

▼ SONNENFLECKEN UND PROTUBERANZEN

Sonnenflecken sind Gebiete auf der Sonnenoberfläche, die etwas kühler sind als ihre Umgebung. Sie werden durch Störungen des Magnetfelds der Sonne verursacht. Der Sonnenfleck im Jahr 2003 (unten) hatte einen Durchmesser von 15 Erden. Eine Protuberanz oder Sonneneruption ist ein enormer Energieausbruch auf der Sonnenoberfläche.

▲ SONNENWIND

Die Sonne gibt ständig einen Teilchenstrom ab. Er erzeugt starke elektrische und magnetische Felder, während er sich im Sonnensystem ausbreitet. Das Magnetfeld der Erde (oben) wird vom Sonnenwind geformt und erstreckt sich tränenförmig von der Sonne weg.

Der größte Sonnenfleck, den die Raumsonde SOHO aufnahm

▲ ERFORSCHUNG

Eine der erfolgreichsten Sonnensonden ist SOHO – das Sonnen- und Heliosphärenobservatorium (oben). Die Sonde startete 1995 und ihre zwölf Instrumente untersuchen immer noch den Aufbau der Sonne. Sie liefert regelmäßig Daten, anhand derer die Astronomen Sonnenaktivitäten beobachten und vorhersagen können.

▼ MONDPHASEN

Der Mond liegt, wie die Erde, immer mit einer Seite im Dunkeln, während die andere Seite im Sonnenlicht badet. Der Anteil der beleuchteten Mondfläche, die von der Erde aus sichtbar ist, heißt Phase. Sie ändert sich täglich von Neumond – wenn der Mond zwischen Sonne und Erde liegt und das Sonnenlicht nur auf seine Rückseite fällt – bis zum Vollmond, bei dem sich die Erde zwischen Mond und Sonne befindet, sodass das Sonnenlicht seine ganze Vorderseite beleuchtet. Ein vollständiger Zyklus der Mondphasen dauert 29,53 Tage.

▶ DER MOND

Der Mond kreist mit einem mittleren Abstand von 384 400 km um die Erde. Sein Durchmesser beträgt etwa ein Viertel des Erddurchmessers. Er hat keine Atmosphäre, kein Oberflächenwasser und seine Temperaturen schwanken zwischen sengender Hitze tagsüber und bitterkalten Nächten. Ihn bedeckt zum größten Teil eine mehrere Meter dicke Bodenschicht, die in einigen Gebirgen bis zu 10 m tief ist.

Der Mond nimmt zu, während die Phasen größer werden, und nimmt ab, wenn sie kleiner werden.

▼ GEZEITEN

Die Erdanziehungskraft hält den Mond auf seiner Umlaufbahn, aber auch die Schwerkraft des Mondes wirkt auf die Erde und zieht z. B. das Wasser der Meere an. Seine Schwerkraft erzeugt zwei riesige Erhebungen des Wassers auf beiden Seiten der Erde. Während sich die Erde dreht, bewegen sich die Erhebungen um den Planeten, sodass der Meeresspiegel steigt und wieder fällt. So entstehen die Gezeiten.

Im Allgemeinen gibt es zweimal täglich eine Flut.

MONDOBERFLÄCHE ▶

Der Mond kreist nicht nur um die Erde, er dreht sich auch um seine Achse. Ein vollständiger Umlauf dauert genauso lange wie eine ganze Drehung um seine Achse. Deshalb zeigt der Mond der Erde immer dieselbe Seite. Die der Erde zugewandte Seite weist viele Tiefebenen auf, die man *Maria* (lat. für „Meere") nennt, tiefe Täler, genannt Gräben, und Hunderte Einschlagkrater. Der größte Krater, der Bailly-Krater, ist mehr als 295 km breit. Die abgewandte Seite wurde erst 1959 von Raumsonden fotografiert.

PLANETOIDEN, METEORITEN UND KOMETEN

Die Sonne wird von vielen Himmelskörpern umkreist, nicht nur von den Planeten und ihren Monden. Es gibt Millionen von kleinen Meteoroiden, die nicht einmal 1 Meter groß sind, während Planetoiden wie Ceres, Pallas und Vesta mehrere Hundert Kilometer durchmessen. Die Schweife der Kometen erstrecken sich oft Millionen von Kilometern hinter dem Komentenkern. Viele der Planetoiden im Sonnensystem sind wahrscheinlich die Überreste eines Planeten, der sich nie vollständig bilden konnte.

PLANETOIDEN ▼

Planetoiden bestehen entweder nur aus Gestein oder aus Gestein und Metall. Mehr als 210 000 Planetoiden wurden inzwischen entdeckt und mehr als 15 000 erhielten einen Namen, aber nur wenige wurden von Raumsonden erforscht. Vesta, der drittgrößte Planetoid des Gürtels, ist als einziger so hell, dass man ihn mit bloßen Augen sehen kann.

Der Planetoid Eros ist 34,4 km lang.

▲ DER PLANETOIDENGÜRTEL

Rund 90 % der Planetoiden kreisen in einem breiten Gürtel zwischen Mars und Jupiter in 248–598 Mio. km Entfernung zur Sonne. Die meisten dieser Planetoiden sind nicht einmal 1 km lang, aber einige sind auch viel größer. Erst 2009/2010 entdeckte man Eis auf der Oberfläche zweier Planetoiden des Gürtels – 65 Cybele und 24 Themis. Zwei weitere Gruppen von Planetoiden, die Trojaner, kreisen auf der Umlaufbahn des Jupiters.

Ein Meteorschauer erhellt einen Teil des Nachthimmels.

▲ METEORE

Meteore sind kleine Körner aus Gestein, Staub und Metall, die in die Erdatmosphäre eindringen. Die meisten Meteore sind Bruchstücke von Planetoiden, aber einige stammen auch vom Mars, dem Mond oder von Kometen. Die meisten Meteore verglühen in der Atmosphäre und erzeugen dabei Leuchtstreifen am Nachthimmel, die sogenannten Sternschnuppen.

◀ KOMETEN

Kometen bestehen aus einem festen Kern, der von einer Wolke aus Gas und Staub umgeben ist, die man Koma nennt. Der Kern wird oft auch als schmutziger Schneeball bezeichnet. Er besteht aus gefrorenem Wasser, Gestein, Metall und Kohlenstoff. Nähert sich ein Komet der Sonne, verdampft ein Teil der Koma und bildet den langen Kometenschweif.

Der Komet Hale-Bopp war 18 Monate lang (1995–1997) am Himmel zu beobachten.

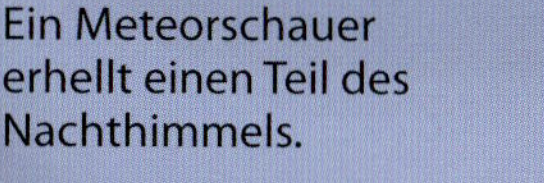

PERIODISCHE KOMETEN ▲

Kometen kreisen auf stark ausgeprägten elliptischen Bahnen um die Sonne. Manche von ihnen brauchen Jahrtausende für einen Umlauf. Deshalb konnten bisher fast nur kurzperiodische Kometen erforscht werden – so wie der Halleysche Komet, der alle 76 Jahre wiederkehrt.

▼ ZWERGPLANETEN

Pluto wurde lange als der neunte Planet des Sonnensystems betrachtet, doch 2006 wurde er zu einem Zwergplaneten herabgestuft, da man zu der Zeit einige ähnliche Körper entdeckt hatte. Zwergplaneten sind kugelförmig und kreisen um die Sonne, aber ihre Schwerkraft reicht nicht aus, um die Trümmer auf ihrer Umlaufbahn anzuziehen. Weitere Zwergplaneten sind Makemake, Eris und Haumea im Kuipergürtel sowie der größte Planetoid Ceres.

Pluto in einer Aufnahme des *Hubble*-Weltraumteleskops

EINSCHLAG! ▶

Wenn ein Meteorit oder Komet auf der Erde einschlägt, hinterlässt er einen Einschlagkrater. Weil die Himmelskörper mit sehr hoher Geschwindigkeit aufschlagen, sind die Einschlagkrater häufig sehr viel größer als die Körper selbst. Der 1,2 km durchmessende Meteor Crater (rechts) in Arizona (USA) entstand z. B. vor ungefähr 50 000 Jahren durch den Einschlag eines nur 30 m großen Planetoiden.

METEORITEN ▼

Einige größere Meteore überstehen den Fall durch die Atmosphäre und schlagen als Meteoriten auf der Erde ein. Meteore (Sternschnuppen) erscheinen wesentlich häufiger als Meteoriten, denn es ereignen sich nur etwa 400 bis 900 Einschläge pro Jahr. Die meisten Meteoriten sind nur faustgroß, es wurden aber auch größere Exemplare entdeckt. Der größte Meteorit wurde in Hoba West (Namibia) gefunden. Er wiegt mehr als 60 t.

BEOBACHTUNGEN

Viele alte Kulturen beschäftigten sich sehr intensiv mit dem Nachthimmel. Sie verfolgten die Bahnen der Himmelskörper mit bloßem Auge und zeichneten sie genau auf. Nach der Erfindung des optischen Teleskops im 17. Jahrhundert konnte man plötzlich viel mehr sehen, beispielsweise die Jupitermonde. Fortschritte im 20. Jahrhundert erbrachten leistungsstärkere optische Teleskope, Weltraumobservatorien und die Analyse anderer elektromagnetischer Wellen aus dem All wie Radiowellen oder Gamma-, Röntgen- und Infrarotstrahlung.

▶ SPIEGEL- UND LINSENTELESKOPE

Optische Teleskope sammeln sichtbares Licht aus dem All. Sie besitzen entweder Spiegel oder Linsen. Die ersten Teleskope waren Linsenteleskope (Refraktoren), die aus zwei Brillenlinsen in einem Rohr bestanden. Sie sammeln das einfallende Licht und beugen es mit Linsen zu einem vergrößerten Bild. Große Linsen sind sehr schwer herzustellen und leiden unter Abbildungsfehlern, die farbige Ringe erzeugen. Spiegelteleskope (Reflektoren) nutzen dagegen große, extrem glatte Spiegel. Während die Öffnung des menschlichen Auges nur maximal 7 mm groß ist, haben Reflektoren mehrere Meter breite Öffnungen für das Licht.

Der angewinkelte Sekundärspiegel leitet das Licht in das Okular.
Licht fällt in das Spiegelteleskop.
Spiegelteleskop
Auge
Der konkave Hauptspiegel beugt das Licht und leitet es zum Sekundärspiegel.
Auge
Eine Linse im Okular vergrößert das Bild.
Linsenteleskop
Das Licht wird durch das Objektiv gebündelt.
Das Licht wird im Teleskop gesammelt.

Die Schüssel des *Arecibo*-Radioteleskops hat einen Durchmesser von 305 m.

▲ RADIOTELESKOPE

Radiowellen aus dem All werden gesammelt, verstärkt und in Form von elektronischen Bildern untersucht. Karl Jansky empfing 1932 zum ersten Mal Radiowellen aus der Milchstraße. Seitdem wurden mit immer größeren oder auch mit mehreren kleinen, miteinander verbundenen Schüsseln viele Dinge entdeckt: Pulsare (siehe S. 113), Radiowellen von Quasaren, Supernovae – und nicht zuletzt die kosmische Hintergrundstrahlung.

Chandra-Aufnahme der Überreste einer Supernova

▶ WEITERE STRAHLUNGSARTEN

Auch andere elektromagnetische Wellen wie Ultraviolett- und Röntgenstrahlen werden von astronomischen Instrumenten auf der Erde oder im All erfasst. Das *Chandra*-Röntgenteleskop wurde 1999 gestartet und sammelt seitdem Bilder von Überresten explodierter Sterne und von den Gaswolken um Pulsare und Schwarze Löcher.

▼ INFRAROTASTRONOMIE

Diese umgebaute Boeing 747SP ist mit dem größten Atmosphärenobservatorium (SOFIA) der Welt ausgerüstet. Seit 2010 untersucht SOFIA Infrarotquellen im Weltraum. Viele Körper im Universum sind so kühl und dunkel, dass sie zu wenig sichtbares Licht aussenden. Man kann sie aber mit Infrarotteleskopen untersuchen. Durch Infrarotastronomie wurden schon viele bisher unbekannte Himmelskörper entdeckt.

Das Flugzeug besitzt ein 2,5 m großes Infrarotteleskop.

▲ OBSERVATORIEN

Teleskope und andere elektronische Instrumente sind in speziellen Observatorien untergebracht. Viele Observatorien liegen an abgelegenen Orten, weit entfernt von der Lichtverschmutzung der Großstädte und in Gebieten mit trockenem Klima und wenig Wolken, damit sie möglichst oft freie Sicht haben. Das Mauna-Kea-Observatorium auf Hawaii liegt auf einer Höhe von mehr als 4200 m über dem Meeresspiegel.

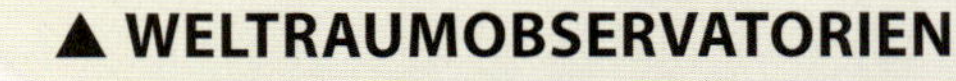

▶ *HUBBLE*-TELESKOP

Das *Hubble*-Weltraumteleskop wurde 1990 gestartet und soll noch bis 2014 Bilder aufnehmen, u. a. von über 10 Mrd. Lichtjahren entfernten Galaxien, die zeigen, wie es im frühen Universum aussah. Der 2,4 m große Spiegel des Teleskops erforscht außerdem neue Sterne, Planeten, die um Sterne in anderen Galaxien kreisen, und Kometeneinschläge auf Planeten.

▲ WELTRAUMOBSERVATORIEN

Röntgenstrahlen und viele andere Wellenlängen der elektromagnetischen Strahlung aus dem All werden von der Atmosphäre aufgenommen, bevor sie die Erdoberfläche erreichen. Um diese Strahlungen zu untersuchen, werden Teleskope an Bord von Satelliten ins All geschickt. Die meisten dieser Satelliten kreisen um die Erde. Das Spitzer-Observatorium, das Infrarotobjekte im All erforscht, wurde jedoch 2003 auf eine „heliozentrische" Bahn gebracht, d. h., es kreist um die Sonne.

WELTRAUMFORSCHUNG

Durch die Raumflüge mit Astronauten, Raumsonden und Instrumenten haben wir sehr viel über das Sonnensystem, das Universum und auch über die Erde erfahren. Bemannte Weltraumflüge sind kompliziert und teuer, weil dazu sehr viel Ausrüstung, Versorgungsgüter und Lebenserhaltungssysteme erforderlich sind. Zusätzlich müssen Astronauten sicher zur Erde zurückgebracht werden. Im Gegensatz dazu sind unbemannte Raumsonden entbehrlich und können auch auf Missionen geschickt werden, von denen sie nicht zurückkehren.

▲ START
In Trägerraketen werden Brennstoff und Sauerstoff gemischt, und diese Mischung wird dann in der Brennkammer verbrannt. Die heißen Gase schießen rückwärts aus den Düsen und erzeugen eine gleich große und entgegengesetzte Kraft, die die Rakete vorwärtstreibt. Ihr Schub ist enorm. Jeder der fünf F1-Antriebe einer *Saturn-V*-Rakete erzeugte 691 818 kg Schub, sodass die Rakete in nur 150 Sekunden eine Höhe von 68 km über dem Erdboden erreichte.

▶ RAUMSTATIONEN
In einer Höhe zwischen 278 und 460 km über dem Erdboden kreist die Internationale Raumstation (International Space Station, ISS) als größtes Bauwerk im All. Die ISS ist ein Gemeinschaftsprojekt von 16 Ländern und wurde im Verlauf von über 50 Raumflügen und 120 Weltraumspaziergängen Modul für Modul aufgebaut. Die 110 m lange Raumstation bietet seit dem Jahr 2000 Platz für Astronauten, die dort arbeiten, leben und eine Vielzahl langfristiger Weltraumexperimente durchführen.

Die Sonnenpaddel bestehen aus 32 800 Solarzellen.

▲ LEBEN IM WELTRAUM
Wenn Astronauten die Erde verlassen, müssen sie sorgsam und sehr genau vorgehen. Jede Aufgabe wie Essen, Waschen und Schlafen muss in der Schwerelosigkeit vorsichtig und exakt durchgeführt werden. In den klimatisierten Druckluftkabinen des Spaceshuttles und der ISS arbeiten Astronauten in T-Shirts und benutzen Fußhalter und Gurte, um nicht davonzuschweben.

SATELLITEN ▶
Künstliche Satelliten kreisen um die Erde oder andere Himmelskörper. Einige Satelliten sind auf einer geostationären Bahn. Sie bleiben immer über demselben Ort auf der Erde stehen, weil sie sich genauso schnell bewegen, wie die Erde sich dreht. Geostationäre Satelliten dienen zur Wettervorhersage, zur Kommunikation und für Navigationssysteme.

▶ RAUMANZÜGE
Auf Flügen von und zur Erde und bei Weltraumspaziergängen tragen Astronauten spezielle Anzüge. Der Raumanzug EMU der NASA besteht aus 14 Schichten. Die äußere Schicht hält sogar kleine Felsstücke ab, die andere Materialien zerfetzen würden. Der Anzug enthält ein Lebenserhaltungssystem, das ihn belüftet, die Temperatur reguliert und den Astronauten mit Sauerstoff versorgt .

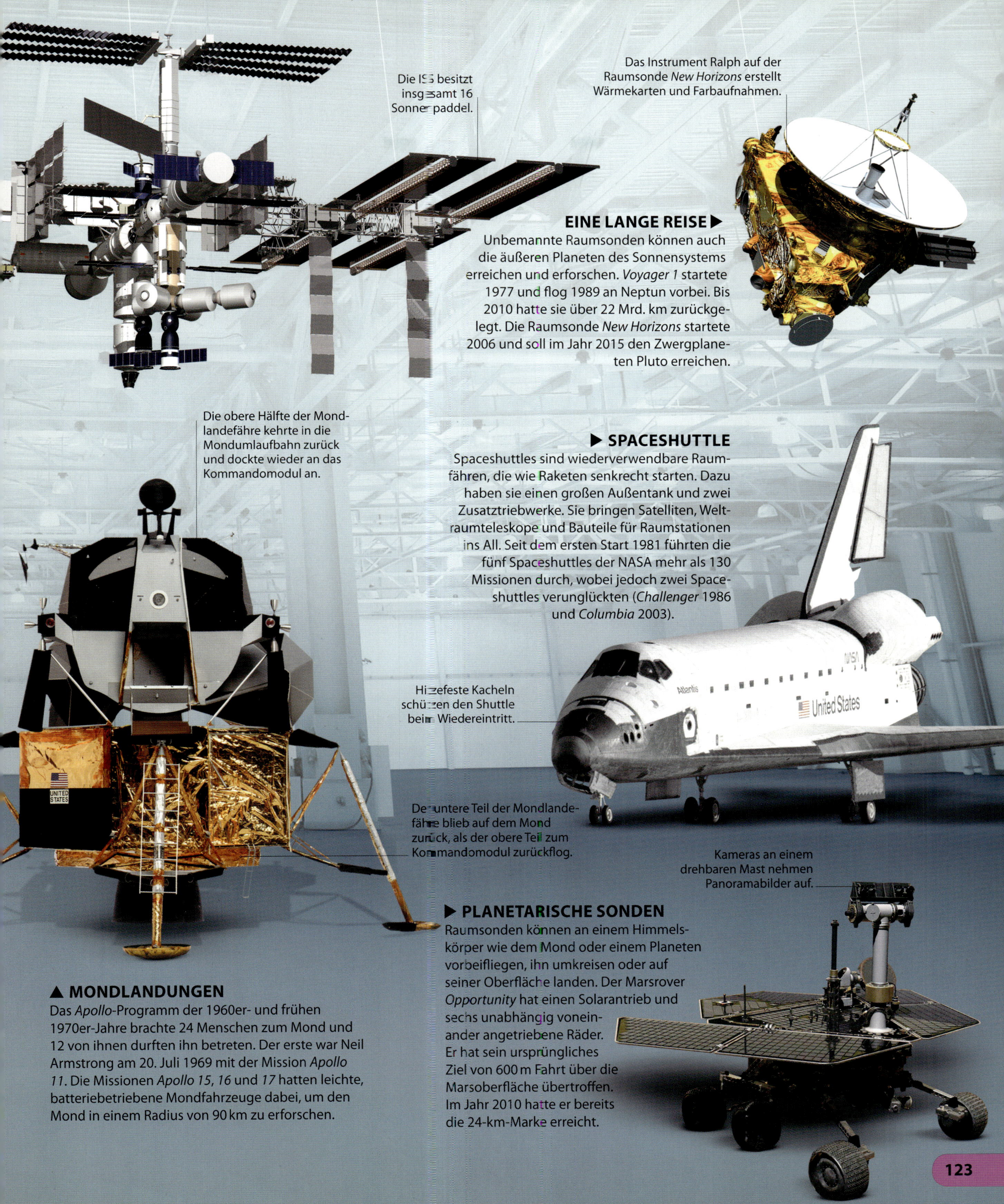

Die ISS besitzt insgesamt 16 Sonnenpaddel.
Das Instrument Ralph auf der Raumsonde *New Horizons* erstellt Wärmekarten und Farbaufnahmen.
Die obere Hälfte der Mondlandefähre kehrte in die Mondumlaufbahn zurück und dockte wieder an das Kommandomodul an.
Hitzefeste Kacheln schützen den Shuttle beim Wiedereintritt.
Der untere Teil der Mondlandefähre blieb auf dem Mond zurück, als der obere Teil zum Kommandomodul zurückflog.
Kameras an einem drehbaren Mast nehmen Panoramabilder auf.
UNITED STATES
Atlantis
NASA
United States

EINE LANGE REISE ▶

Unbemannte Raumsonden können auch die äußeren Planeten des Sonnensystems erreichen und erforschen. *Voyager 1* startete 1977 und flog 1989 an Neptun vorbei. Bis 2010 hatte sie über 22 Mrd. km zurückgelegt. Die Raumsonde *New Horizons* startete 2006 und soll im Jahr 2015 den Zwergplaneten Pluto erreichen.

▶ SPACESHUTTLE

Spaceshuttles sind wiederverwendbare Raumfähren, die wie Raketen senkrecht starten. Dazu haben sie einen großen Außentank und zwei Zusatztriebwerke. Sie bringen Satelliten, Weltraumteleskope und Bauteile für Raumstationen ins All. Seit dem ersten Start 1981 führten die fünf Spaceshuttles der NASA mehr als 130 Missionen durch, wobei jedoch zwei Spaceshuttles verunglückten (*Challenger* 1986 und *Columbia* 2003).

▶ PLANETARISCHE SONDEN

Raumsonden können an einem Himmelskörper wie dem Mond oder einem Planeten vorbeifliegen, ihn umkreisen oder auf seiner Oberfläche landen. Der Marsrover *Opportunity* hat einen Solarantrieb und sechs unabhängig voneinander angetriebene Räder. Er hat sein ursprüngliches Ziel von 600 m Fahrt über die Marsoberfläche übertroffen. Im Jahr 2010 hatte er bereits die 24-km-Marke erreicht.

▲ MONDLANDUNGEN

Das *Apollo*-Programm der 1960er- und frühen 1970er-Jahre brachte 24 Menschen zum Mond und 12 von ihnen durften ihn betreten. Der erste war Neil Armstrong am 20. Juli 1969 mit der Mission *Apollo 11*. Die Missionen *Apollo 15*, *16* und *17* hatten leichte, batteriebetriebene Mondfahrzeuge dabei, um den Mond in einem Radius von 90 km zu erforschen.

Glossar

ABHOLZUNG
Die Vernichtung großer Waldflächen für Brennstoff oder Bauholz oder zur Gewinnung neuer Flächen für die Landwirtschaft.

AMPHIBIEN
Tiere wie Frösche und Kröten, die an Land und im Wasser leben.

ÄQUATOR
Eine gedachte Linie um die Mitte der Erde im gleichen Abstand zum Nord- und Südpol.

ART
Eine Gruppe von Lebewesen, die sehr ähnliche Eigenschaften haben und sich untereinander vermehren können.

ARTERIE
Ein dickwandiges Blutgefäß, in dem das Blut vom Herzen wegfließt.

ATMOSPHÄRE
Die Gashülle um einen Planeten, Mond oder Stern.

ATMUNG
Ein chemischer Prozess, bei dem Nährstoffe abgebaut werden, sodass Energie freigesetzt wird.

ATOM
Das kleinste Teilchen eines chemischen Elements.

BAKTERIEN
Winzige einzellige Lebewesen, die auf der Erde die größte Gruppe von Lebewesen bilden.

BEUTE
Ein Tier, das von einem Raubtier getötet und gefressen wird.

BILLION
Eine Million Millionen (eine Eins mit zwölf Nullen).

CHLOROPHYLL
Der grüne Farbstoff, der Sonnenlicht aufnimmt, mit dessen Hilfe Pflanzen Nährstoffe erzeugen.

CHROMOSOM
Eine fadenartige Struktur im Zellkern. Chromosomen bestehen aus DNA, die die Gene kodiert.

DESOXYRIBONUKLEINSÄURE (DNA)
Die langen Moleküle im Zellkern, die den genetischen Code enthalten.

DICHTE
Das Maß dafür, wie eng die Masse eines Objekts in seinen Rauminhalt gepackt ist.

DRUCK
Die Wirkung der Kraft, die gegen eine Fläche drückt.

ELEKTROMAGNETISCHE STRAHLUNG
Alle Energiewellen, die sich durch den Raum ausbreiten, von den Gammastrahlen über Ultraviolett, Infrarot, sichtbares Licht bis zu den Radiowellen.

ELEMENT
Eine von über 100 verschiedenen Atomarten, z. B. Gold, Wasserstoff, Eisen oder Silizium, aus denen alle Substanzen bestehen.

ELLIPTISCH
Die Form eines gestreckten Kreises, wie bei einer Ellipse.

ENZYME
Eiweißmoleküle, die chemische Reaktionen beschleunigen, wie z. B. den Abbau der Nahrung bei der Verdauung.

ERDBEBEN
Plötzliche, ruckartige, starke Bewegungen der Erdkruste.

ERDMANTEL
Die mittlere Gesteinsschicht der Erde, die zwischen dem Kern und der Kruste liegt.

EROSION
Abtragung und Abtransport von Gestein durch natürliche Kräfte wie Wind oder fließendes Wasser.

ERZE
Minerale, aus denen man nützliche Metalle wie Eisen gewinnen kann.

EVOLUTION
Der Prozess, bei dem sich Arten über lange Zeiträume und viele Generationen verändern und neue Arten entstehen.

EXOPLANETEN
Planeten, die nicht um unsere Sonne, sondern um einen anderen Stern kreisen.

FACETTENAUGEN
Die Augen von Insekten und Krebstieren, die aus vielen kleinen Einzelaugen bestehen.

FOSSILE BRENNSTOFFE
Brennstoffe wie Kohle, Gas oder Erdöl, die im Lauf von Millionen Jahren aus Überresten von Pflanzen und Tieren entstanden sind.

FOTOSYNTHESE
Der Prozess, bei dem Pflanzen aus Sonnenenergie Nahrung herstellen.

FÜHLER
Lange Sinnesorgane, meist zum Tasten, bei Tieren wie Insekten.

GALAXIE
Eine riesige Ansammlung von Sternen, Planeten, Gasen und Staub, die durch ihre Schwerkraft zusammengehalten werden.

GELENK
Eine meist bewegliche Verbindung zwischen zwei oder mehr Knochen, z. B. der Ellbogen.

GEN
Ein Abschnitt auf der DNA, der Anweisungen für den Aufbau und Stoffwechsel von pflanzlichen oder tierischen Zellen enthält. Eltern vererben ihre Gene an ihren Nachwuchs.

GLEICHWARM
Tiere, deren Körpertemperatur von ihrem Stoffwechsel aufrechterhalten wird.

GLETSCHER
Eine Eismasse, die meist langsam einen Hang hinuntergleitet.

HABITAT
Der natürliche Lebensraum, den eine bestimmte Tier- oder Pflanzenart bewohnt.

HEMISPHÄREN
Die beiden Erdhälften, deren Trennlinie der Äquator bildet.

HORMONE
Chemische Botenstoffe, die von Drüsen ins Blut abgegeben werden. Manche Hormone steuern bestimmte Vorgänge wie z. B. das Körperwachstum.

INSEKTEN
Eine Klasse von Tieren, deren Körper in drei Abschnitte gegliedert ist und die sechs Beine und häufig zwei Flügelpaare besitzen.

INVERTEBRATEN
Wirbellose Tiere wie die Insekten.

KERATIN
Die harte, wasserfeste Substanz der Nägel, Haare und der äußeren Hautschicht.

KERNFUSION
Die Verschmelzung von zwei leichten Atomkernen zu einem schwereren Element.

KERNSPALTUNG
Die Spaltung bestimmter Atomkerne, bei der in Kraftwerken und in Waffen enorme Energiemengen freigesetzt werden.

KOHLENDIOXID
Ein Gas in der Atmosphäre. Es ist ein Abbauprodukt des Stoffwechsels in den Körperzellen.

KOMET
Ein kleiner Himmelskörper aus Eis, Gestein und Staub, der um die Sonne kreist und in Sonnennähe lange Schweife bildet.

KONDENSATION
Der Übergang vom gasförmigen in den flüssigen Zustand.

KONVEKTION
Die Übertragung von Wärme durch Bewegung – wenn z. B. warmes Gas aufsteigt und kaltes Gas sinkt.

KÖRPERSYSTEM
Mehrere zusammenhängende Organe in einem Körper, die bestimmte Aufgaben erfüllen, wie z. B. das Nervensystem oder Verdauungssystem.

KREBSTIERE
Tiere mit einer harten Schale, gelenkigen Beinen und zwei Fühlerpaaren.

LAVA
Magma, das durch Vulkanschlote oder Risse in der Erdkruste an die Oberfläche gelangt ist.

LICHTJAHR
Eine Längeneinheit, die der Strecke entspricht, die Licht in einem Jahr zurücklegt. Ein Lichtjahr entspricht 9,5 Billionen km.

LICHTSPEKTRUM
Das Regenbogenband der Farben, das durch Lichtbrechung entsteht.

LÖSLICH
Ein Stoff, der sich in Flüssigkeit auflösen lässt.

MAGMA
Heißes, flüssiges Gestein, das sich unter der Edkruste befindet.

MAGMATISCHES GESTEIN
Gestein, dass sich bildet, wenn heiße Lava oder heißes Magma abkühlt und erstarrt.

METAMORPHES GESTEIN
Eine Gesteinsart, die entsteht, wenn magmatisches Gestein oder Sedimentgestein durch großen Druck oder Wärme verändert wird.

METEOR
Ein Leuchtstreifen am Nachthimmel, der entsteht, wenn ein kleiner Gesteinsbrocken in der oberen Erdatmosphäre verglüht.

METEORIT
Ein Brocken aus Gestein oder Metall, der auf einem Planeten oder Mond einschlägt.

MOLEKÜL
Eine Gruppe von Atomen, die miteinander verbunden sind. Ein Sauerstoffatom und zwei Wasserstoffatome bilden zusammen z. B. ein Wassermolekül.

NAHRUNGSKETTE
Die Beziehungen zwischen verschiedenen Tieren, die sich einerseits von Pflanzen und andererseits von anderen Tieren ernähren. In der Nahrungskette wird Energie weitergegeben.

NEBENFLUSS
Ein Bach oder kleiner Fluss, der in einen größeren Fluss mündet.

NERVEN
Spezielle Zellen, die Signale weiterleiten und oft sehr lang sind.

NIEDERSCHLAG
Jede Form von Wasser – Regen, Schnee, Eisregen oder Hagel –, das aus der Atmosphäre auf die Erdoberfläche fällt.

ÖKOSYSTEM
Eine Gemeinschaft zwischen Lebewesen und ihrer Umwelt.

ORGANISMUS
Ein einzelnes Lebewesen, z. B. eine einzellige Bakterie, ein Tier oder eine Pflanze.

PILZE
Ein Reich der Lebewesen, zu dem auch die Champignons gehören.

PLATTENTEKTONIK
Die Theorie über die Plattenbewegung der Erdkruste.

PRODUZENT
Ein Organismus, z. B. eine Pflanze, der mithilfe der Sonnenenergie selbst Nahrung erzeugt und der Nährstoffe und Energie an andere Lebewesen weitergibt.

PROTOSTERN
Ein sehr junger Stern in einem frühen Stadium, in dem noch keine Kernreaktionen stattfinden.

REIBUNG
Der Widerstand, der entsteht, wenn zwei Oberflächen aneinanderreiben.

RESERVOIR (SPEICHERSEE)
Ein natürlicher oder künstlicher Wasserspeicher.

SÄUGETIER
Ein gleichwarmes Wirbeltier, das Haare oder Fell hat und seine Jungen mit Milch säugt, z. B. ein Hund oder ein Pferd.

SAURER REGEN
Regen und Schnee, der giftige oder gefährliche Chemikalien wie Schwefeldioxid enthält, die bei der Verbrennung fossiler Brennstoffe entstehen.

SCHWERKRAFT
Die Anziehungskraft zwischen den Körpern im Universum. Je größer die Masse eines Körpers ist, desto größer ist auch seine Schwerkraft.

SEDIMENT
Ein Feststoff, der sich aus einer Flüssigkeit am Boden absetzt.

SEDIMENTGESTEIN
Eine Gesteinsart, die aus Sediment entsteht, das mit der Zeit zu Gestein gepresst wurde.

STAMMZELLEN
Nicht spezialisierte Zellen, die sich wiederholt teilen und zu spezialisierten Zellen heranreifen, z. B. Nerven- oder Muskelzellen.

STRAHLUNG
Energie, die sich in Form von elektromagnetischen Wellen ausbreitet wie Infrarot oder Licht.

SUPERNOVA
Ein Stern, der am Ende seines Lebens explodiert und zu einem Schwarzen Loch, Pulsar oder Neutronenstern wird. Die Mehrzahl lautet Supernovae.

TOXISCH
Giftig oder schädlich.

UMLAUFBAHN
Eine Bahn, auf der natürliche oder künstliche Körper, z. B. Monde oder Raumsonden, um einen größeren Körper kreisen.

URKNALL
Eine ungeheure Explosion, aus der wahrscheinlich vor etwa 13,7 Mrd. Jahren das Universum entstand.

VENE
Ein Blutgefäß, in dem das Blut aus dem Gewebe zum Herzen zurückfließt.

VERBINDUNG
Ein Stoff aus zwei oder mehreren Elementen, deren Atome bei einer chemischen Reaktion Bindungen eingegangen sind.

VERDAMPFUNG
Der Übergang vom flüssigen zum gasförmigen Zustand. Wird die Luft von der Sonne erwärmt, verdampft Wasser zu Wasserdampf.

VERDAUUNG
Der Abbau der Nahrung, sodass sie vom Körper absorbiert werden kann.

VERSCHMUTZUNG
Abfallprodukte, Licht oder Wärme, die der Umwelt schaden.

VERWERFUNG
Ein Bruch oder ein Riss in der Erdkruste, an dem tektonische Platten aneinander vorbeigleiten.

VERWITTERUNG
Der Zerfall von Gesteinen und Mineralen zu Sand und Boden.

VISKOSITÄT
Ein Maß für die Zähflüssigkeit einer Flüssigkeit.

VOLUMEN
Der Raum, den ein Körper oder Gegenstand einnimmt.

WASSERKREISLAUF
Der ständige Austausch des Wassers auf der Erde zwischen Atmosphäre und Erdboden.

WECHSELWARM
Tiere, deren Körpertemperatur von ihrer Umgebung abhängt.

WELLENLÄNGE
Der Abstand zwischen zwei Spitzen oder Tälern einer Welle.

WIRBELTIERE
Tiere mit einer Wirbelsäule. Dazu zählen Fische, Säugetiere, Amphibien, Vögel und Reptilien.

ZELLE
Die winzigen Bausteine aller Lebewesen.

ZENTRALES NERVENSYSTEM
Das zentrale Nervensystem besteht aus Gehirn und Rückenmark. Sie bilden zusammen das Kontrollzentrum des gesamten Nervensystems.

Register

Fett gedruckte Seitenzahlen verweisen auf Haupteinträge.

Dank und Bildnachweis

Dorling Kindersley dankt Chris Bernstein für das Register.

Der Verlag dankt folgenden Personen und Institutionen für die freundliche Genehmigung zum Abdruck von Fotos:

(Abkürzungen: o=oben; u=unten; m=Mitte; l=links; r=rechts; go=ganz oben)

4 Corbis: (gol); Science Faction/Dan McCoy (mru). **Getty Images:** Riser/Jack Dykinga (gor). **5 Corbis:** Lester Lefkowitz (gol). **NASA:** ESA, M. Robberto (Space Telescope Science Institute/ESA) und das Hubble Space Telescope Orion Treasury Project Team (gor). **6-7 Corbis. 8 Corbis:** George H. H. Huey (mr); Frank Lane Picture Agency (ml). **Getty Images:** Discovery Channel Images/Jeff Foott (um); Workbook Stock/Ed Morris (m); Visuals Unlimited (ul). **9 Corbis:** Visuals Unlimited/Dr. Richard Kessel & Dr. Gene Shih (gom) (gor). **iStockphoto.com:** (ur). **10 Corbis:** David Aubrey (m); Visuals Unlimited/Biodisc (gor). **Dreamstime.com:** Graeme Dawes (ur) (Gänseblümchen/Hintergrund). **iStockphoto.com:** (Fenster/Hintergrund). **11 Corbis:** AgStock Images (mr); Visuals Unlimited/Dr. Stanley Flegler (ul). **Getty Images:** CMSP/J. L. Carson (gol); GAP Photos/Maxine Adcock (Hintergrund); Photodisc/Don Farrall (ur). **iStockphoto.com:** Wojtek Kryczka (ul/Holzbretter). **12 Getty Images:** Photodisc/Martin Ruegner (ul). **12-13 Getty Images:** Photographer's Choice/Cornelia Doerr (u/Sonnenblumen). **13 Corbis:** Design Pics/John Short (m); Ecoscene/Sally A. Morgan (ur); Visuals Unlimited/Dr. Richard Kessel & Dr. Gene Shih (ul). **Dorling Kindersley:** Geoff Brightling/Peter Minister (Modellbauer) (ml). **14 Corbis:** Ecoscene/Sally A. Morgan (mo); Frans Lanting (mu); Science Faction/Steven Kazlowski (ul). **14-15 iStockphoto.com:** (Briefmarken/Hintergrund); Michael Cavén (Briefmarkenschablonen 2); Matt Knannlein (Stempel); David Mingay (Briefmarkenschablonen). **15 Corbis:** Tom Brakefield (ul); JAI/Nigel Pavitt (um); Reuters/Victor Fraile (ur); Visuals Unlimited (gom). **Getty Images:** Archive Photos (m); Photographer's Choice/Colin Anderson (gor). **16 Dorling Kindersley:** mit freundl. Genehmigung des Natural History Museum, London/Frank Greenaway (gor/Motte) (ml). **Getty Images:** Photographer's Choice/Gail Shumway (ul). **iStockphoto.com:** Martin Lladó (gor/Glühlampe); Marcin Pasko (ul/Pergament). **17 iStockphoto.com:** Matthew Cole (um); Aleksander Trankov (mr). **18 Dreamstime.com:** David Davis (gol); Eric Isselée (ul). **Getty Images:** The Image Bank/Roger de la Harpe (mu/Krokodileier). **iStockphoto.com:** Nieves Mares Pagán (mu/Farne/Hintergrund). **18-19 Getty Images:** The Image Bank/Anup Shah (gom). **iStockphoto.com:** Olena Pantiukh (u/Sand). **19 Corbis:** Frank Lane Picture Agency/Chris Mattison (mro). **Getty Images:** Gallo Images/Martin Harvey (gom); Rodger Jackman (ur). **20 Alamy Images:** blickwinkel (ul). **Corbis:** Visuals Unlimited/Dennis Kunkel Microscopy, Inc (mru). **Dorling Kindersley:** mit freundl. Genehmigung des Booth Museum of Natural History, Brighton/Alex Wilson (ml). **21 Corbis:** DPA/Patrick Pleul (ml). **Dorling Kindersley:** mit freundl. Genehmigung des Natural History Museum, London/Peter Chadwick (l/Federn). **22 Corbis:** Visuals Unlimited (gom). **Dorling Kindersley:** mit freundl. Genehmigung des Natural History Museum, London/Dave King (ur). **Getty Images:** Workbook Stock/Na Gen Imaging (mr). **iStockphoto.com:** Hals Van Ijzendoorn (Hintergrund). **23 Corbis:** Brandon D. Cole (um/Schwamm). **Dorling Kindersley:** Bill Noll (Flecken/Hintergrund). **24 Corbis:** DPA/Carmen Jaspersen (gor). **Getty Images:** Gallo Images/Nigel Dennis (m); The Image Bank/Winfried Wisniewski (ml); Newspix (bl). **iStockphoto.com:** Andrew Johnson (mr). **24-25 iStockphoto.com:** Kjell Brynildsen (Bretter/Hintergrund); Michel de Nijs (m/Hintergrund). **25 Corbis:** Paul Souders (gol); Visuals Unlimited/Ken Lucas (mu). **Getty Images:** The Image Bank/James Warwick (mr). **iStockphoto.com:** Franco Deriu (m); Ermin Gutenberger (ur). **Photolibrary:** Michael Habicht (ur/Kamera-Display). **26 Corbis:** All Canada Photos/Wayne Lynch (gor). **iStockphoto.com:** Dave White (gor/Bilderrahmen); John Woodworth (u/Uhr & Vase). **26-27 iStockphoto.com:** Spiderstock (u/Kaminsims). **27 Corbis:** Nathan Griffiths (mlu); Frans Lanting (m). **Dorling Kindersley:** Judith Miller/Sloan's (ur/Bilderrahmen). **Getty Images:** Stockfood Creative/Wolfgang Feiler (gom); Tetra Images (mlu/Bildhalter); Ian Waldie (ur). **iStockphoto.com:** (m/Bilderrahmen); Jon Schulte (gom/Bilderrahmen). **28 Dorling Kindersley:** Donks Models/Geoff Dann (mlo); Old Operating Theatre Museum, London/Steve Gorton (gor). **28-29 Getty Images:** Digital Vision/Andersen Ross (Hintergrund). **29 Dorling Kindersley:** Denoyer-Geppert - Modellbauer/Geoff Brightling (ml) (ul); Chris Reynolds and the BBC Team - Modellbauer/Geoff Brightling (mr). **30 Dorling Kindersley:** ESPL - Modellbauer/Geoff Brightling (r). **iStockphoto.com:** Alexander Ivanov (ul). **30-31 iStockphoto.com:** (Computer). **31 Corbis:** Visuals Unlimited (mr). **Getty Images:** 3D4Medical.com (l). **iStockphoto.com:** Feng Yu (ur). **32 Corbis:** Micro Discovery (gor). **Getty Images:** Comstock Images (ul). **32-33 Getty Images:** Photographer's Choice/Peter Dazeley (b/Instrumente/Hintergrund). **33 Corbis:** MedicalRF.com (um); Randy (ul). **Getty Images:** George Doyle & Ciaran Griffin (mr); Stone+/Roy Ritchie (go/Hintergrund). **34 Corbis:** Visuals Unlimited/Dennis Kunkel Microscopy, Inc (ur/Darm). **Getty Images:** Peter Hince (mro/Maiskolben). **iStockphoto.com:** (mlu/LKW); Jon Patton (go/LKW) (mro/LKW); Tomasz Pietryszek (mlo/LKW). **34-35 Getty Images:** Brand X Pictures/Jetta Productions (Brücke/Hintergrund). **35 Corbis:** Visuals Unlimited/Dennis Kunkel Microscopy, Inc (ur/Bakterien). **iStockphoto.com:** Tomasz Pietryszek (mru). **36 Dorling Kindersley:** Denoyer-Geppert - Modellbauer/Geoff Brightling (mru). **36-37 iStockphoto.com:** Paolo de Santis (Hintergrund). **37 Corbis:** Visuals Unlimited/Dennis Kunkel Microscopy, Inc (gor). **Dorling Kindersley:** Denoyer-Geppert - Modellbauer/Geoff Brightling (ul). **Getty Images:** AFP/Stringer (mru). **38 Corbis:** Science Photo Library/Steve Gschmeissner (m); Visuals Unlimited (gol). **Getty Images:** PM Images (u/Gipsbein). **39 Corbis:** Bettmann (ul); MedicalRF.com (mlo); Science Photo Library/Miriam Maslo (gor/Röntgenaufnahme); Xinhua Press/Chen Xiaowei (ur). **Getty Images:** Stone/Alan Thornton (u/Gipsbein); Taxi/Dana Neely (gor/Leuchtkasten). **iStockphoto.com:** Andrzej Tokarski (m). **40 Corbis:** Beau Lark (m). **Getty Images:** Workbook Stock/Steven Puetzer (ml). **40-41 iStockphoto.com:** (Kühlschrank); Glen Coventry (Magnetzahlen). **41 Corbis:** (gor); SABA/Najlah Feanny (mr). **Getty Images:** Photographer's Choice/Peter Dazeley (um). **42-43 Getty Images:** Riser/Jack Dykinga. **44 iStockphoto.com:** Andrew Furlong Photography (Muffins); Maya Kovacheva (gor). **44-45 iStockphoto.com:** (m/Buch); Luis Albuquerque (Hintergrund). **45 Corbis:** Visuals Unlimited/Dr. Henry Aldrich (gor/Zyanobakterien). **Dorling Kindersley:** Satellite Imagemap © 1996-2003 Planetary Visions (ml). **Getty Images:** Koichi Kamoshida (um); StockFood Creative/Barbara Bonisolli (gor/Mehl). **iStockphoto.com:** Konstantin Kirillov (u/Geschirrhandtücher); Stepan Popov (mr). **46 Corbis:** Arctic-Images (mru/Lava). **46-47 Getty Images:** Photographer's Choice (Hintergrund); Photonica/Nichola Evans (Handfeger und Kehrblech). **iStockphoto.com:** Павел Игнатов (Teller). **47 Corbis:** Lloyd Cluff (gol/San Andreas-Graben); Frank Lukasseck (gor/Anden). **48 Corbis:** Roger Ressmeyer (ul). **Dorling Kindersley:** Peter Griffiths - Modellbauer/Matthew Ward (mro). **Getty Images:** AFP/Juan Barreto (ml); Stone/Jorg Greuel (l/DVD-Stapel) (mro/DVD-Hülle). **iStockphoto.com:** Nicolas Hansen (ml/DVD-Hülle). **48-49 Getty Images:** Riser/Steven Puetzer (Regale). **iStockphoto.com:** Nicolas Hansen (DVD). **49 Corbis:** Douglas Peebles (um). **Dorling Kindersley:** Atlantic Digital (gom). **Getty Images:** AFP/Antonov Mladen (ur); Photographer's Choice/VolcanoDiscovery/Tom Pfeiffer (mr) (mlu); Planet Observer/Universal Images Group (m). **iStockphoto.com:** Nicolas Hansen (um/DVD-Hülle). **50 Dorling Kindersley:** Donks Models - Modellbauer/Andy Crawford (mr/Gesteinskreislauf). **Dreamstime.com:** (mr/Buch). **Getty Images:** Jamie Grill (Hintergrund). **51 Dorling Kindersley:** mit freundl. Genehmigung des Natural History Museum, London/Colin Keates (gol); Oxford University Museum of Natural History/Neil Fletcher (gor). **iStockphoto.com:** Milan Brunclik (gom); Christopher Hudson (Hintergrund). **NASA:** GSFC/METI/ERSDAC/JAROS, and U.S./Japan ASTER Science Team (ml). **52 Corbis:** Hal Beral (ur); Frans Lanting (ul); Visuals Unlimited/Gerald & Buff Corsi (gom) (m). **52-53 Getty Images:** Riser/Stuart Westmorland (Hintergrund). **53 Corbis:** Yann Arthus-Bertrand (ul); Lowell Georgia (ur); Momatiuk - Eastcott (m). **Getty Images:** Robert Harding World Imagery/James Hager (gom). **54 Corbis:** Richard Hamilton Smith (ml); Visuals Unlimited (ul). **Dorling Kindersley:** mit freundl. Genehmigung des Dinosaur State Park, Connecticut/Ed Homonylo (um). **iStockphoto.com:** Ola Dusegård (Jalousien). **55 Alamy Images:** David R. Frazier Photolibrary, Inc (ul). **Corbis:** All Canada Photos/Thomas Kitchin & Victoria Hurst (m/Aussicht). **Dorling Kindersley:** mit freundl. Genehmigung des Natural History Museum, London/Colin Keates (ur). **Getty Images:** Red Cover/Kim Sayer (m/Fenster). **iStockphoto.com:** (ul/Bilderrahmen). **56 Corbis:** Reuters/Bob Strong (gor/Eisberge). **Getty Images:** Taxi/Richard H. Johnston (ml/Welle). **iStockphoto.com:** Greg Nicholas (gor/Flasche); Kais Tolmats (l/Luftmatratzen); Андрей Данилович (gol/Brandung). **56-57 iStockphoto.com:** Yosef Galanti (Sand/Hintergrund). **57 Corbis:** Bettmann (ul/Überschwemmung); Image Source (gor/Trockenheit); JAI/Nigel Pavitt (mr/Feuchtgebiete). **Getty Images:** AFP/Karen Bleier (gol/Wolke) (mru/Sonnenbrille). **iStockphoto.com:** (ml/Stock); Zyuzin Andriy (ur/Stift); Don Bayley (gor/Sonnenschutz); Dmitry Mordvintsev (mr/Buch). **58 Corbis:** Gary W. Carter (mr/Nebel); Dean Conger (ul/Regen); Eric Nguyen (um/Hagel). **Getty Images:** Mike Kemp (mr/T-Shirt). **iStockphoto.com:** Michael Flippo (um/T-Shirt); Pamela Moore (ml/Geschirrhandtuch). **58-59 Getty Images:** amana images/Doable (m/Kleidung); UVimages (Himmel/Hintergrund). **iStockphoto.com:** Kevin Mayer (m/Leine). **59 Corbis:** EPA/Craig Connor (ml/Wind); Jim Reed Photography (gom/Gewitter). **Getty Images:** Comstock (mo/Blitz); The Image Bank/Microzoa (gom/Unterhosen); Photographer's Choice/Mitchell Funk (ml/Schnee). **NASA:** (gor/Wirbelsturm). **60 Corbis:** Jason Hawkes (ul/Mine); Lester Lefkowitz (ur/Staudamm); Benjamin Rondel (m/Holzfällung); Science Faction/Natalie Fobes (ml/Fischerei). **Getty Images:** All Canada Photos/Dave Reede (gom/Landwirtschaft); Digital Vision/Joe Sohm (mr/Steinbruch); Riser/Nicolas Russell (um/Ölplattform). **iStockphoto.com:** (ml/Verpackung); Ingus Evertovskis (u/Verpackung); Alex van de Hoef (m/Verpackung); Dmitry Naumov (go/Verpackung). **60-61 iStockphoto.com:** Ethan Myerson (Automat). **61 Getty Images:** Lonely Planet Images/Paul Kennedy (m/Windpark). **iStockphoto.com:** studioaraminta (m/Verpackung). **62 Corbis:** Will & Deni McIntyre (mu/saurer Regen). **Getty Images:** Universal Images Group (gol); Workbook Stock/Stephane Godin (mr/Luftverschmutzung). **iStockphoto.com:** (mu/Abfall); dutch icon (gol/Warnzeichen); Cheryl Savala (mr/Abfall). **62-63 iStockphoto.com:** Loic Bernard (Kanalrohr). **63 Corbis:** Reuters/Rickey Rogers (gom/Holzfällung). **Getty Images:** AFP/Ove Hoegh-Guidberg (ur/Korallen); Gallo Images/Danita Delimont (ul/Warnzeichen); The Image Bank/Remi Benali (m/Versteppung); Stone/Stephen Wilkes (ml/Mülldeponie) (m/Abfall). **iStockphoto.com:** (gom/Abfall); Claudio Arnese (ul/Autoreifen); Seb Crocker (ml/Abfall); Yong Hian Lim (ur/Abfall). **64-65 Corbis:** Science Faction/Dan McCoy. **66 Dreamstime.com:** (ul). **66-67 iStockphoto.com:** Luis Carlos Torres (m/Billardkugeln). **67 Corbis:** Science Faction/National Nuclear Security Administration (ur) (ul/Barium) (mlu/Kalzium). **68 Alamy Images:** Phil Degginger (ml/Lithium). **Dorling Kindersley:** The British Museum, London/Chas Howson (mro/Nickel). **Getty Images:** amanaimages (ul/Schaukel). **68-69 Getty Images:** photo division (gom/Schulhof). **iStockphoto.com:** Ermin Gutenberger (Asphalt). **69 Dorling Kindersley:** mit freundl. Genehmigung des Natural History Museum, London/Colin Keates (mr/Kohlenstoff). **Getty Images:** Blend Images/Ross Anania (ur/Schulhof). **iStockphoto.com:** (gom/Luftballon); Bruce Lonngren (gom/Glühlampe); Caleb Sheridan (gor/Neon). **Science Photo Library:** Charles D. Winters (mlo/Chrom). **70 Getty Images:** OJO Images/Simon Murrell (ml). **iStockphoto.com:** AlexStar (mu). **70-71 iStockphoto.com:** Ingvald Kaldhussæter (Hintergrund). **71 Corbis:** Daniel J. Cox (r/Nordpolarlicht). **Getty Images:** Stone+/Chip Forelli (um/Eiswürfel). **iStockphoto.com:** (r/Bildschirm); David Crockett (ul/Toast); Павел Игнатов (ul/Teller). **72 Dorling Kindersley:** mit freundl. Genehmigung des Oxford University Museum of Natural History/Gary Ombler (mlu/Korund). **Getty Images:** Stockbyte/Martin Poole (ml/Klammer); Stone/Will Crocker (mru). **iStockphoto.com:** (mlo/Kolben); Vlad Konstantinov (ml/Kolben); Kenneth C. Zirkel (mro/Schaumstoff). **73 Corbis:** In Pictures/Richard Baker (gol/Strommast). **Getty Images:** Image Source (ul/Becherglas); Stockbyte/Martin Poole (gol/Klammer). **iStockphoto.com:** (ur). **74 iStockphoto.com:** Maria Petrova (ul). **74-75 iStockphoto.com:** Rob Freiberger (um/Abfalleimer); Dragan Trifunovic (Hintergrund). **75 Corbis:** Roger Ressmeyer (mu/Plastikgabel). **Getty Images:** The Image Bank/David Leahy (ul). **iStockphoto.com:** Frank van den Bergh (mu/Schild); Karl-Friedrich Hohl (ml/Bunsenbrenner). **76 Dorling Kindersley:** mit freundl. Genehmigung des Natural History Museum, London/Harry Taylor (ul/Becherglas). **iStockphoto.com:** (ul/Flaschen); Carmen Martínez Banús (um/Bücherstapel); Greg Cooksey (m/Buch); Mark Evans (r/Tropfinfusion); Kashtalian Liudmyla (ur/Flugzeug). **76-77 Getty Images:** The Image Bank/Cosmo Condina (Hintergrund). **iStockphoto.com:** pixhook (u/Holz/Hintergrund). **77 Dorling Kindersley:** mit freundl. Genehmigung von Dr. Brian Widdop vom Medical Toxicology Unit Laboratory, New Cross Hospital/Gary Ombler (ml). **Getty Images:** WIN-Initiative (ur/Salz). **78 Dorling Kindersley:** The American Museum of Natural History/Denis Finnin and Jackie Beckett (um/Warnetikett). **iStockphoto.com:** Jeremy Voisey (ul/Sicherheitsetikett). **78-79 Dorling Kindersley:** mit freundl. Genehmigung des Science Museum, London/Clive Streeter (m/Lackmus). **iStockphoto.com:** Robert Kacpura (u/Holzoberfläche). **79 Dorling Kindersley:** mit freundl. Genehmigung des Natural History Museum, London/Colin Keates (mu/Quecksilbersulfid); mit freundl. Genehmigung des Science Museum, London/Clive Streeter (mr/Kupfersulfat). **iStockphoto.com:** Jolanta Dabrowska (ul/Autobatterie); winterling (ul/Batterien). **80 Corbis:** First Light/Peter Carroll (ml/Glas); Lester Lefkowitz (m/Ölraffinerie). **Getty Images:** Photographer's Choice/Steven Puetzer (um/Asphalt); Miguel Villagran (ml/Benzin). **iStockphoto.com:** blackred (um/Glas); Natallia Bokach (mr); Norman Chan (mru); Andrea Krause (m/Glas). **80-81 iStockphoto.com:** Juan Facundo Mora Soria (u/Hintergrund). **81 Alamy Images:** Jim West (go/Glasbläser); Wildscape (um/Recyclingmaterial). **Getty Images:** Digital Vision/Nicholas Eveleigh (um/Stint). **iStockphoto.com:** blackred (mr/Glas); Andrea Krause (um/Glas); Martin McCarthy (m). **US Department of Energy:** Atmospheric Radiation Measurement Program (mr/Proteus). **82-83 Corbis:** Lester Lefkowitz. **84 Corbis:** Transtock/Frank Hoppen (gom/Bild auf T-Shirt); Visuals Unlimited (gor/Bild auf T-Shirt). **iStockphoto.com:** Lukasz Panek (gol/Bild auf T-Shirt). **84-85 Getty Images:** Photographer's Choice/Ty Allison (Läufer/Hintergrund). **85 Corbis:** (gor/Bild auf T-Shirt); Randy Faris (ml/Bild auf T-Shirt). **iStockphoto.com:** Marcus Clackson (gol/Bild auf T-Shirt). **SOHO (ESA & NASA):** (m/Bild auf T-Shirt). **86 Dreamstime.com:** Jlye (gor/Mond). **NASA:** (gor/Erde). **86-87 Getty Images:** Photographer's Choice/Matthias Tunger (Hintergrund). **87 Dorling Kindersley:** Ted Taylor - Modellbauer/Tim Ridley (gor). **Getty Images:** CSA Images (ml). **iStockphoto.com:** pavlen (gol/Fallschirm); James Trice (m). **88 Corbis:** Transtock (m/Rennwagen/Hintergrund). **Getty Images:** AFP/Adrian Dennis (um). **88-89 Getty Images:** Stone/Jon Feingersh (Armaturenbrett/Hintergrund). **89 Corbis:** Gerolf Kalt (gor); Joe McBride (ul). **iStockphoto.com:** Joachim Wendler (mru). **90 Getty Images:** Image Source (mr/Steine). **iStockphoto.com:** Don Bayley (um); PeskyMonkey (ml). **90-91 iStockphoto.com:** Andy Medina (Hintergrund). **91 Getty Images:** Blend Images/Rick Gomez (mlo). **iStockphoto.com:** (gor); Roman Milert (ml). **92 Corbis:** Reuters/Alessandro Bianchi (ur/Röntgenstrahlen). **Getty Images:** David McNew (ul/Gammastrahlen). **92-93 Getty Images:** The Image Bank/Jorg Greuel (Hintergrund). **93 Getty Images:** Image Source (ml/Infrarotstrahlen); Stock Image/Franz Aberham (mr/sichtbares Licht). **iStockphoto.com:** Michael Blackburn (ur/Mikrowellen); Pawel Kaminski (gol/Ultraviolett); Stephen Kirschenmann (ul/Radiowellen). **94 Getty Images:** Photographer's Choice/Franco Banfi (gol/Wal). **iStockphoto.com:** (mu/Gitarre). **NASA:** (gom/Spaceshuttle). **94-95 Getty Images:** Caspar Benson (Musik-Awards); Digital Vision (Schlagzeug). **95 iStockphoto.com:** Ivan Grlic (gor); Christopher O'Driscoll (mru/Lautsprecher); Urs Siedentop (gol/Dämmstoff). **Photolibrary:** Mauritius/Chris Hermann (um). **96 Corbis:** amanaimages/Mitsushi Okada (gor/Sonne). **Getty Images:** Photographer's Choice/Images Etc Ltd (mo/Heißluftballons). **iStockphoto.com:** Ryan Kelly (ur/Thermometer). **96-97 Getty Images:** Johner Images (Bergsteiger). **97 Corbis:** WildCountry (gom/Gleiter). **98 iStockphoto.com:** (ur/Brille). **98-99 Dreamstime.com:** Nopow (Menschen). **iStockphoto.com:** Robert Kohlhuber (Laser). **99 iStockphoto.com:** (gor); Max Delson Martins Santos (gol). **100 Getty Images:** AFP/Jens Schlueter (u); Tim Graham Photo Library (mr). **iStockphoto.com:** Dino Ablakovic (gor). **100-101 iStockphoto.com:** MikLav (Ziegelwand/Hintergrund). **101 Alamy Images:** Niels Poulsen (gol). **iStockphoto.com:** Rowan Butler (Metallplatten); Anthony Douanne (mro); Stasys Eidiejus (mr/Warnzeichen); Erik de Graaf (mlu); Kevin Green (gom/grüne Farbe); Christophe Testi (ur); Arkadiy Yarmolenko (ul). **102 Science Photo Library:** Jeremy Walker. **103 Corbis:** Werner H. Müller (m/Magnetfeld). **Dorling Kindersley:** mit freundl. Genehmigung des Science Museum, London/Clive Streeter (ur). **iStockphoto.com:** Yury Kosourov (mr); Alex Max (m/Metallplatte). **104 Corbis:** Mike Grandmaison (gor); Ultimate Chase/Mike Theiss (ml). **Getty Images:** Nick Veasey (mru). **iStockphoto.com:** (mru/TV) (ml/TV); Luis M. Molina (gor/TV). **104-105 Getty Images:** The Image Bank/Tom Bonaventure (Reflexion). **iStockphoto.com:** Don Bayley (Regal); Michal Rozanski (u/Gehweg). **105 Alamy Images:** Lyroky (gol). **Corbis:** Reuters/Stefan Wermuth (ur). **Dorling Kindersley:** mit freundl. Genehmigung des Science Museum, London/Clive Streeter (gor). **Getty Images:** Photodisc/Christopher Robbins (mr). **106-107 NASA:** ESA, M. Robberto (Space Telescope Science Institute/ESA) and the Hubble Space Telescope Orion Treasury Project Team; ESA, ESO, F. Courbin (Ecole Polytechnique Federale de Lausanne, Schweiz) und P. Magain (Université de Liège, Belgien) (um). **108 NASA:** ESA, F. Paresce (INAF-IASF, Bologna, Italien), R. O'Connell (University of Virginia, Charlottesville) und das Wide Field Camera 3 Science Oversight Committee (m); The Hubble Heritage Team (mlu). **108-109 Getty Images:** Photodisc/Don Farrall (m). **iStockphoto.com:** Jon Helgason (Ballons); ESA and the Hubble Heritage Team (STScI/AURA)-ESA/Hubble Collaboration (ur). **109 NASA:** ESA and The Hubble Heritage Team (STScI/AURA) (gor); Design von Carl Sagan und Frank Drake; Grafik von Linda Salzman Sagan. Foto des NASA Ames Resarch Center (NASA-ARC) (mr). **110 Corbis:** Aflo Relax/Komei Motohashi (mlu); Atlantide Phototravel (gol/Taxi); Visuals Unlimited (mu). **NASA:** (mro). **110-111 iStockphoto.com:** Doug Cannell (Granit). **111 Corbis:** Science Faction/Tony Hallas (mro); ESA and The Hubble Heritage Team (STScI/AURA) (ml); ESA and the Hubble SM4 ERO Team (mru); ESA, C. Heymans (University of British Columbia, Vancouver), M. Gray (University of Nottingham, UK), M. Barden (Innsbruck), the STAGES collaboration, C. Wolf (Oxford University, UK), K. Meisenheimer (Max-Planck Institut für Astronomie, Heidelberg) und die COMBO-17 collaboration (um); ESA, The Hubble Heritage Team, (STScI/AURA) und A. Riess (STScI) (ul). **NASA:** ESA, A. Aloisi (STScI/ESA) and The Hubble Heritage (STScI/AURA)-ESA/Hubble Collaboration (gom). **112 Corbis:** Image Source (Spielkarten). **iStockphoto.com:** Jon Helgason (ul). **NASA:** ESA, F. Paresce (INAF-IASF, Bologna, Italien), R. O'Connell (University of Virginia, Charlottesville) und das Wide Field Camera 3 Science Oversight Committee (m). **Science Photo Library:** John Chumack (gor). **112-113 iStockphoto.com:** Doga Yusuf Dokdok (Teppich). **113 iStockphoto.com:** Milos Luzanin (ul). **114 mit freundl. Genehmigung von Apple. Apple und das Apple-Logo sind eingetragene Warenzeichen der Apple Computer Inc., registriert in den USA und anderen Ländern:** (ml/iPhone). **NASA:** JPL (ml/Planetoid). **114-115 iStockphoto.com:** Janne Ahvo (m/Buch). **115 iStockphoto.com:** Özgür Donmaz (gor). **NASA:** ESA und A. Schaller (für STScI) (mo/Bildschirm); JPL (ml) (m). **116 Dorling Kindersley:** Peter Griffiths - Modellbauer/Clive Streeter (mro). **SOHO (ESA & NASA):** (mu) (um) (mru). **116-117 Getty Images:** Photonica/Anna Peisl (go/Menschen). **iStockphoto.com:** Sze Kit Poon (u/Sand). **117 Alamy Images:** Laszlo Podor (um). **Corbis:** Science Faction/William Radcliffe (m). **NASA:** (ml); JPL (mlu). **118 Corbis:** Index Stock/Victoria Johana (um); Science Faction/Tony Hallas (ml). **Getty Images:** Photographer's Choice/Roger Ressmeyer (mr). **NASA:** JPL/JHUAPL (mlo). **118-119 Corbis:** Beateworks/William Geddes (Hintergrund). **119 Dorling Kindersley:** mit freundl. Genehmigung des Natural History Museum, London/Colin Keates (m). **Getty Images:** Photolibrary/Jim Wark (gor). **NASA:** ESA und Marc W. Buie (Southwest Research Institute) (ml). **120 Getty Images:** Panoramic Images (mu) (ul/Blaupause). **iStockphoto.com:** Nicholas Belton (gor/Blaupause); Gustaf Brundin (ml/Schiebelehre); Michal Rozanski (mu/Tablet-PC). **121 Chandra X-Ray Observatory:** Röntgenaufnahme (NASA/CXC/MIT/D.Dewey et al. & NASA/CXC/SAO/J. DePasquale); optische Aufnahme (NASA/STScI) (gor). **Corbis:** Roger Ressmeyer (mro) (um/Tasse). **iStockphoto.com:** (gol/Stift) (mlu); Jamie Farrant (m/Notebook); Nicolas Hansen (gom/Brille); Valerie Loiseleux (gor/Schablone). **NASA:** Hubble (um); JPL-Caltech (mru); USRA (ml). **122 Getty Images:** Photographer's Choice/Erik Simonsen (mr). **NASA:** JAXA (m); Johnson Space Center (ur); Kennedy Space Center (gol). **122-123 Dreamstime.com:** (Hintergrund). **123 NASA:** Dryden Flight Research Center (mr); JHUAPL/SwRI (gor); JPL (ur)

Weitere Informationen: www.dkimages.com